Susana Alcocer Mateos

El sufrimiento psíquico del sujeto en el contexto posmoderno

Susana Alcocer Mateos

El sufrimiento psíquico del sujeto en el contexto posmoderno

Una mirada desde la filosofía y el psicoanálisis

Editorial Académica Española

Imprint
Any brand names and product names mentioned in this book are subject to trademark, brand or patent protection and are trademarks or registered trademarks of their respective holders. The use of brand names, product names, common names, trade names, product descriptions etc. even without a particular marking in this work is in no way to be construed to mean that such names may be regarded as unrestricted in respect of trademark and brand protection legislation and could thus be used by anyone.

Cover image: www.ingimage.com

Publisher:
Editorial Académica Española
is a trademark of
International Book Market Service Ltd., member of OmniScriptum Publishing Group
17 Meldrum Street, Beau Bassin 71504, Mauritius

Printed at: see last page
ISBN: 978-3-639-53284-5

EL SUFRIMIENTO PSÍQUICO EN EL CONTEXTO

POSMODERNO, UNA MIRADA DESDE EL

PSICOANÁLISIS Y LA FILOSOFÍA.

Autor: Mtra. Psicología clínica. Susana Alcocer Mateos.

DEDICATORIAS

Al epicentro de mi estructura y de mi ser, **"Mis Padres"**, por quien gracias a su amor e intervención consciente e inconsciente, han sido el soporte psíquico que hoy me permite existir ante la vida como un sujeto en falta pero con inmensos ideales y deseos de vida, gracias a su existir.

A **mi hija**, mi mayor fantasía de completud y mi mayor objeto de deseo, quien ha tenido que conformarse con esta madre en falta, pero que siempre ha respondido y responderá a su llamado.

A **mis hermanos**, compañeros de recuerdos y de vida, mis vínculos fraternos quienes han sido soporte en mi vida anímica y en mis sinsabores.

A **mi antiguo compañero de vida**, ya que gracias a su presencia en mi vida, a todo lo que si hubo y también a lo que faltó, hoy me abro un nuevo camino.

A **la Maestra Betzaved Palacios**, escucha y soporte para el descubrimiento y construcción de mi propia verdad y mi devenir como Analista, y de manera especial mi agradecimiento por su asesoría y estímulo constante en mi investigación.

INTRODUCCIÓN

Este tema de estudio no representa una investigación original, existen antecedentes sobre este trabajo. Tanto la filosofía como el psicoanálisis se han interesado en delimitar la especificidad de las expresiones del sufrimiento en este momento histórico de la posmodernidad, que varía no sólo en función de la constitución subjetiva particular, sino en relación con los cambios culturales y sociales.

Desde la filosofía y el análisis social, autores como Lipovetsky, Dufour, Deleuze, Guattari, Lyotard, Zizek, Gauchet, Berardi, hacen uso de elementos filosóficos para abordar los malestares subjetivos y su expresión.

El psicoanálisis por su parte, en primera instancia no reconocía la relación del Sujeto psíquico en el contexto socio-histórico, es hasta inicios del siglo XXI que reconoce no sólo la condición histórica singular, sino el contexto histórico social influye en la subjetividad y el sufrimiento del sujeto.

La producción discursiva del psicoanálisis contemporáneo no pretende tan solo delimitar estas expresiones, se interroga sobre las posibilidades de abordaje. De este modo, autores como Eric Laurent, Bauman, Roudinesco, Braunstein, Recalcati, Limberg, Soler Colete, entre otros, hacen propuestas respecto del sufrimiento y goce contemporáneo, así como los usos actuales en la clínica.

La problemática actual, es que algunas manifestaciones del sufrimiento contemporáneo, son inéditas y por lo tanto, el conocimiento de los psicólogos, psicoanalistas y psiquiatras es inacabado, ya que se enfrentan a nuevas formas de enfermar, a patologías contemporáneas sin precedente, a nuevas formas de manifestación del inconsciente, mientras que patologías ya presentes en la historia de la humanidad, no dejan de manifestarse con énfasis, se revitalizan, se reeditan cobrando fuerza y amplitud, generalizándose. De esto nos da cuenta el filósofo Dany Robert Dufour quien habla de la producción de un nuevo sujeto, "un sujeto hasta ahora inédito, que está en proceso de construcción" (2009, *El arte de reducir cabezas*, p.22). Incluso propone la hipótesis de que el nuevo estado del capitalismo contribuye a la producción del sujeto esquizoide, el de la posmodernidad.(ib, p.29).

Entonces, ¿Será posible que en Occidente a raíz de la sociedad de consumo y desecho en la que vivimos, con la caída de ideales y la función paterna, la búsqueda del placer constante, con el narcisismo y el hedonismo predominante, así como la pérdida de la creencia en Dios y en una vida futura, con la decadencia de la ley y la falta de arraigo; el sujeto quede a la deriva, en una sensación de absoluta soledad y vulnerabilidad, y se estén originando estas nuevas formas de enfermar?.

Partiendo de la base de que las expresiones del sufrimiento y las manifestaciones del goce actual en Occidente, están atravesados por las formas de vida y la cultura de la sociedad posmoderna, se afirma, que se abre paso a nuevas expresiones del malestar psíquico. En este sentido se considera que quien sostiene la función de analista debe conocer el actual horizonte sociohistórico e interrogarse acerca de las posibilidades de su atención clínica. Por lo que resulta de vital importancia investigar la especificidad de estas expresiones actuales y su modo de abordaje.

Se justifica entonces el sentido de esta investigación, en la tarea de recuperar lo que en la producción discursiva de la clínica actual se señala acerca de estas nuevas expresiones y abrir una puntuación respecto de las posibilidades de abordaje desde el psicoanálisis contemporáneo.

Este libro está compuesto por 3 capítulos:

I.   En el capítulo I se trata de dar cuenta de lo que es el sujeto posmoderno. Para ello, se parte de la distinción fundamental entre el yo y el sujeto sobre el que se opera en psicoanálisis, para dar paso a la filosofía y al análisis de las formas de vida y cultura de la sociedad contemporánea por las que está atravesado el sujeto en contraste con el sujeto de la modernidad y premodernidad.

II.   En el capítulo II se pretende acotar al sufrimiento desde la perspectiva del psicoanálisis y plantear una precisión desde Freud hasta Lacan con respecto a dos términos que definen la particularidad de las expresiones del sufrimiento del sujeto en la época posmoderna: la angustia y el goce, que se ponen en juego en los padecimientos psíquicos contemporáneos, así como abrir una puntuación respecto de la forma de abordaje en la intervención clínica.

III.   Una vez delimitada la especificidad de las expresiones del sufrimiento psíquico y el goce del sujeto posmoderno, se pretende en este capítulo precisar las manifestaciones del sufrimiento psíquico contemporáneo y plantear una tesis acerca de la causalidad del sufrimiento del sujeto llamado posmoderno, así como, señalar lo que en la producción discursiva del psicoanálisis contemporáneo se acota como propuesta central para el abordaje: la incorporación de la clínica del vacío y del goce.

I. EL SUJETO POSMODERNO.

El objeto de estudio de la presente investigación, es el sujeto sufriente en la posmodernidad, el cual algunos filósofos franceses contemporáneos lo han llamado "el hombre posmoderno".

En el presente capítulo se pretende por una parte especificar el sujeto sobre el que se opera en psicoanálisis, para lo cual de manera muy breve, se irá primeramente de la noción del yo y la diferencia entre el yo y el sujeto, para dar paso al sujeto de la ciencia al sujeto psíquico de Lacan, es decir: el sujeto del inconsciente, de la cadena significante, del deseo, del gran Otro. Se hará una distinción entre el yo y el sujeto, ya que para el psicoanálisis, el yo es sólo una construcción imaginaria y no se opera sobre este. Sobre este último punto se analizarán los elementos que justifican lo anterior.

Por otra parte, una vez definido el sujeto del cual se habla en la presente investigación, se estará en posibilidad de hablar desde la filosofía francesa contemporánea, de este sujeto de la posmodernidad; sujeto inédito, en proceso de construcción, con características particulares; sujeto que no es independiente de aspectos socio histórico culturales, un sujeto que está sujeto a su propia historia, a su propia realidad psíquica, y a la época social en que vive, lo cual se ve nítidamente al contrastar el sujeto neurótico freudiano vs el sujeto posmoderno.

Para poder entender a este sujeto en construcción, será menester entonces, hablar de esta época social, de sus características, de los fenómenos culturales que la acompañan y de las repercusiones en la construcción de este nuevo sujeto, el posmoderno.

1.1. DISTINCIÓN ENTRE EL YO Y EL SUJETO.

Iniciaremos primero por hablar del ego o el yo. Ego proviene del latín que significa yo. En Occidente llega con Freud cuando habla de las instancias psíquicas, el yo, superyó y ello, pero se llega a confundir el ello con o el yo y se toma al ego como la parte oscura o instintiva del ser humano y se interpreta el ego como las personas que son egocentristas, egoístas o soberbias, cuando en realidad sólo son características de una persona con un yo carente de desarrollo.

La filosofía y la Psicología entiende el ego o yo como la consciencia del individuo, entendiendo como consciencia esa facultad de conocer, de pensar, de percibir, por lo que se refiere a una realidad individual en tanto que depende de quien la percibe.

Esta noción del yo es indispensable porque nos permite ordenar y clasificar lo que proviene de los sentidos, y reconocer las propias necesidades.

¿Cómo se construye esta noción de yo? Empieza con la identificación con las partes del cuerpo, con la imagen en el espejo, el apellido, con el sexo, la nacionalidad, con los aciertos o errores y creo ser ese que está capturado en el espejo. Y es por lo anterior que el yo suele entenderse también como el conjunto de características de la personalidad

¿Quién entonces es el sujeto?

El sujeto no es el yo. Para el psicoanálisis el yo es sólo una función imaginaria que nos hace diferentes del resto, una identidad o representación mental, una ilusión.

El sujeto sobre el que opera el psicoanálisis no es el yo ni la consciencia, porque ahí no está la verdad, está en otro lugar, la realidad, la verdad del sujeto está en el inconsciente, excluido del yo. Se habla entonces del sujeto del inconsciente, del deseo, del gran Otro como lugar en donde se guarda el mensaje que portamos sin saberlo y que determina al sujeto en su existencia.

Como inicio de este breve recorrido, se puede decir que hablar de psicoanálisis e inconsciente, es posible a partir de la sujeción freudiana en la ciencia y su articulación con la filosofía cartesiana, pues como el mismo Lacan afirma: "el sujeto sobre el que operamos en psicoanálisis no puede ser otro que el sujeto de la ciencia".[1]

¿Por qué se afirma que la noción de sujeto aparece a partir de Kant?, y ¿cuál sería la diferencia entre el yo y el sujeto?.

Se afirma que esta noción aparece a partir de Kant, porque Descartes no habla de sujeto, sino de un yo, que se descubre, que se encuentra a partir de la duda, y que después de una meditación se revela la verdad indudable del ser: "el yo soy", "una cosa que piensa, que duda, entiende, concibe, afirma, niega, quiere, no quiere, imagina y siente" (Doufour, 2007, p. 67). Entonces en Descartes se encuentra la certeza de la existencia, el "yo soy".

La noción de sujeto surge a partir de Kant. Se habla de un sujeto cuya característica esencial es que tiene ideas, que tiene la posibilidad de conocimiento, de sensibilidad y entendimiento, un sujeto que estructura el mundo, por lo que se convierte en el sujeto de la ciencia.

Hume critica el sustancialismo cartesiano, ya que afirma que la identidad personal no es constante, sino en cada momento se va construyendo por la memoria y la imaginación, a partir de la experiencia por asociación, de modo que las impresiones las convertimos en ideas, por lo que la identidad es relativa y circunstancial.

De este modo, la noción del yo es sólo una impresión, una idea de identidad personal errónea, ya que el yo no es continuo y estable o permanente sino variable a través de las variaciones del tiempo.

> "identidad personal que procede totalmente del progreso suave y no interrumpido del pensamiento a lo largo de una serie de ideas enlazadas". (Hume, 2005, p 222).

Entonces, la causa de esta confusión es que a través de la imaginación, se establecen ideas de identidad y sucesión por las que nos proyectamos como invariables, como si por ejemplo, pudiéramos preservarnos sin cambio, de la misma manera en dos momentos distintos, siendo

---

[1] J.Lacan, La ciencia y la verdad, 1978, Editorial Paidós, Argentina, pg 837.

que en realidad envejecemos segundo a segundo, aunque el cambio es tan gradual, que no lo notamos.

Esta crítica que hace Hume a la noción de yo, es fundamental para la presente investigación, ya que para el psicoanálisis, el yo sólo tiene una existencia imaginaria; la identidad personal es una representación mental, es relativa y temporal[2]

Antes de precisar ¿por qué el psicoanálisis no trabaja con el yo?, es necesario definir el significado del yo en psicoanálisis, específicamente en Lacan.

El yo para Lacan, es imaginario, es aquello en lo que el sujeto está capturado; con Melanie Klein coincide en que el yo humano "es esa serie de defensas, negaciones, barreras, inhibiciones, fantasmas fundamentales que orientan y dirigen al sujeto" (Lacan, 1953, p.34)

> "El yo no es la conciencia ni el sujeto, el yo es un objeto: un objeto que cumple una determinada función, que aquí denominamos función imaginaria (p. 73); el yo es imaginario, pero interviene como símbolo en la vida psíquica y es guía de nuestra experiencia. "Su función es esta estructura que nos hace diferentes al conjunto de la naturaleza o reino animal" (Lacan, 1953,p.62). Con una frase, Lacan lo dice todo: "donde creo ser, veo mi imagen, creo ser ese que está en el espejo, creo ser donde leo mi nombre, pero no es más que un significante" (p. 85)

Lacan refiere que es sólo un significante, porque esa imagen que se ve está torcida, "donde yo creo ser, leo mi nombre", pero ese nombre, no es más que un significante al lado de otro, es una unidad falsa que uno cree ser, pero explica Lacan que cuanto más está uno con la presión de ser una unidad, de perfección, se complica cada vez más. Y se complica en tanto que el yo está en referencia al otro, al semejante, se constituye en relación al otro.

Lacan precisa el error de interpretación del ego, ya que mientras para Freud es una instancia psíquica, Otto Fenichel y Anna Freud lo interpretan erróneamente como la cuestión gramatical, con el yo, pero Lacan hace todo un trabajo en su seminario El Yo en la teoría de Freud y en la técnica psicoanalítica (1955) para explicar por una parte, que el yo(je) no es el yo, explica que el yo *es un objeto que cumple una determinada función que denominamos*

---

[2] El lector puede recorrer el documento de Hume: La identidad personal (libro primero, sección IV), en Tratado de la naturaleza humana, pp 215-224.

función imaginaria" (1954,p.73), explica que no debe entenderse como una versión incompleta del yo consciente, sino debe entenderse como un objeto particular en el interior de la experiencia del sujeto, una experiencia que se plantea como jo(ye) a partir del momento en que aparece el sistema simbólico.

Por otra parte explica que *"el Sujeto es nadie, está descompuesto, fragmentado" ... y está en ninguna parte" (Lacan, 1954, pp.88,89)* ¿qué quiere decir con esto?, que el Sujeto no es el Yo ni la conciencia, está en otro lugar, y este lugar refiere que es el inconsciente.

Es importante precisar lo anterior, por las implicaciones que tiene en el análisis, ya que según explica, este ego se pone en juego en el analista y analizante, pues ambas partes sin saberlo, nos permitimos hacer intervenir el ego en el análisis, pues contamos con:

> "una organización completa de certidumbres, creencias, coordenadas, referencias, que constituyen, hablando estrictamente, lo que Freud llamaba desde el comienzo un sistema ideacional". (Lacan, 1953, p.43)... "Porque efectivamente nos permitimos – nos permitimos las cosas sin saberlo, tal como el análisis lo ha revelado-hacer intervenir nuestro ego en el análisis". (Lacan, 1953, p.34)

De este modo, sostiene Lacan que la función del ego del analista aparece en la contratransferencia, como la suma de prejuicios, pudiendo llegar a proyectar sobre el paciente la diferentes características de su yo de analista", por ello es preciso como labor del analista, resolverlo, pues "Freud nos enseñó, dice Lacan, que lo esencial es formar analistas para que haya sujetos tales que en ellos el Yo esté ausente..esto es lo que hay que intentar obtener". (1954, p.369)

Lo anterior nos lleva a concluir que en psicoanálisis, la realidad del Sujeto está en el inconsciente, excluido de la realidad del Yo.

Una vez definido qué es el yo en psicoanálisis, es importante hablar del Sujeto Freudiano y definir al sujeto psíquico de Lacan.

Algunos psicoanalistas afirman que no hay una construcción del Sujeto en Freud, sin embargo, Elizabeth Roudinesco señala que con Freud y su concepción del inconsciente, se rompe la idea del hombre como perpetuo alienado al que habría que curar el alma por medio del tratamiento moral, surgiendo así un Sujeto Freudiano:

Con esta base, Lacan hace un desarrollo del Sujeto de la ciencia, llegando al sujeto psíquico como sujeto del inconsciente, de la cadena significante, del deseo y al gran Otro como cadena significante.

Desmonta como centro el sujeto de la modernidad kantiano, para pasar a un sujeto escindido entre el saber y la verdad, la verdad que queda velada en el inconsciente; el pensamiento ausente es lo propio del sujeto, pero esto propio no es apropiable, pues las representaciones ausentes no sirven para su representación, por ello, el sujeto del inconsciente no puede posicionarse de sí. A diferencia de Descartes en donde la certeza aparece en el momento extremo de la duda y se encuentra y apropia de sí mismo, en el psicoanálisis el sujeto duda pero no se encuentra, no hay un proceso de identificación, pues la duda se convierte en sentencia que hace evidente que proviene de otro lugar, de un pensamiento ausente. De este modo, mientras que Descartes enuncia: "pienso, luego existo", Lacán enuncia otra verdad, la verdad del inconsciente, que refiere de la siguiente manera: "pienso donde no soy, luego soy donde no pienso. Lo que hay que decir es: no soy, allí donde soy el juguete de mi pensamiento". El sujeto para Lacán entonces, es el sujeto del inconsciente.

De esta manera, el sujeto no es un sujeto unitario, sino escindido, dividido entre el saber y la verdad, una verdad que queda velada; un sujeto tomado en una división constituyente, del sistema percepción-conciencia y realidad psíquica. El sujeto Lacaniano es entonces: el sujeto del inconsciente, de la cadena significante, en donde la verdad habla, se estructura como un lenguaje, el lenguaje del inconsciente, que dice lo verdadero sobre lo verdadero, que ningún otro lenguaje podría decir. (2007:834,846).

Este sujeto del inconsciente, está vinculado al gran Otro, pues como sostiene Lacan en su Seminario "Los cuatro conceptos fundamentales del psicoanálisis" (1964), es un inconsciente que pulsa, que abre y cierra, y al abrir aparece la formulación de un deseo, un significante que justo permite esa apertura, como un acto discursivo, un significante que insiste porque tiende a salir. Un deseo que se dirige al gran Otro, que no es una persona, no es el padre o la madre como persona más si como lugar, como función, de manera simbólica, un tesoro de significantes, tesoro en tanto que ahí se guardan los significantes, ese es el lugar del mensaje dirigido a alguien. Un tesoro que no está completo, pues falta un significante que queda fuera, y que permite al analista escuchar este lenguaje del inconsciente, que permite rescatar y asociar esa palabra que se menciona diferente, que queda fuera de esa cadena de significantes y que da cuenta que tiene un nexo con otra cadena o elemento, con otro pensamiento, y en ese cruce se abre la posibilidad de producir algo que no estaba.

El sujeto del psicoanálisis entonces, no es un sujeto total que interactúa con otro también total, ya que como sostiene Lacan en el seminario de "El Yo en la teoría de Freud y en la técnica psicoanalítica" (1954), el sujeto se encuentra en el mundo simétrico del ego, del yo como construcción imaginaria de sí mismo y sus semejantes, pero en realidad está separado de los otros verdaderos (A) por el muro del lenguaje y la palabra, ya que cuando nos servimos del lenguaje, nuestra relación con el otro juega en esa ambigüedad, pues cuando hablamos apuntamos a (A), aunque por reflexión se alcanza a los yo imaginarios como si fueran reales (a´a´´).

Entonces el psicoanálisis no trabaja tampoco con el yo, Lacan en su Seminario "El Yo en la teoría de Freud y en la técnica psicoanalítica", sostiene que el sujeto no está en el yo ni la consciencia, ¿Por qué no está en el yo?, porque el yo es una ilusión, ahí no está la verdad del sujeto, razón por la cual sostiene, que no se puede trabajar en el consciente para que se transforme el inconsciente, ya que la repetición muestra que el trabajar con el yo no basta, porque el inconsciente que quiere hablar va a tratar de seguir hablando y el síntoma vuelve, pero gracias a que el sujeto repite, puede haber una luz para analizar, a través del circuito del discurso, y se habla de discurso porque el inconsciente es discurso del otro. Se trata entonces, de ver el lugar que ocupamos en esa cadena significante, en ese discurso del padre que estoy condenado a reproducir, pero que es preciso que lo retome para pararme en el mundo y que determina al ser en su existencia.

Derivado de lo anterior, resulta importante precisar lo que es el consciente e inconsciente para el psicoanálisis.

> El consciente "es un sistema particular excitable por cualidades o percepciones, pero incapaz de conservar huella, es decir, carente de memoria", por lo tanto, el inconsciente son contenidos no presentes en el campo de la conciencia, contenidos reprimidos a los que se ha reusado el acceso al sistema preconsciente por acción de la represión, y que por lo tanto, sólo se vuelven accesibles a la conciencia, una vez superadas las resistencias" (Freud, 1900, p.598)

Lacan por su parte afirma en el Seminario "El Yo en la teoría de Freud y en la técnica psicoanalítica", que el yo está descompuesto y desfragmentado.

"El inconsciente es ese sujeto ignorado, no conocido por el yo, y es el núcleo de nuestro ser", entonces, "el yo autónomo no existe" (Lacan, 1954, p.88).

Para el psicoanálisis el concepto del inconsciente tiene un enfoque científico, surge cuando una pulsión que busca la satisfacción y choca contra defensas que la quieren hacer inoperante tal como la represión, el trastorno hacia lo contrario y la vuelta a la propia persona y se llega a él través del análisis, interpolando miembros intermedios preconscientes, pero también hay contenidos no susceptibles de conciencia.

Una vez clarificada, a grandes rasgos, la noción del sujeto psicoanalítico muy particularmente sostenido por Jaques Lacan, así como el inconsciente en el psicoanálisis, se cierra el inciso, para dar paso a la revisión del término sujeto posmoderno, que se desprende de textos de filósofos franceses contemporáneos como Dufour y a Lipovetzki,. Se abordarán las características de la posmodernidad y sus fenómenos socio culturales, en tanto contexto de ese sujeto posmoderno.

1.2. LAS SOCIEDADES POSMODERNAS Y SU FORMA DE VIDA.

1.2.1. SURGIMIENTO DE LAS SOCIEDADES POSMODERNAS:

Para abordar este punto, el surgimiento de las sociedades posmodernas, nos apoyaremos en la lectura del texto El crepúsculo del deber del filósofo francés Gilles Lipovestky (2005) y la referencia a otros filósofos franceses contemporáneos. La filosofía francesa contemporánea es referencia obligada para pensar las condiciones del devenir de las sociedades posmodernas en dos ámbitos determinantes de la subjetividad, singular y colectiva.

Gilles Lipovetzki (2005), habla del crepúsculo del deber y la ética indolora de los nuevos tiempos, haciendo un recorrido histórico-cultural de la transformación ética y moral de las sociedades desde la época premoderna y moderna, hasta el surgimiento de una sociedad de tipo inédito: las sociedades posmoralistas-posmodernas-. Las ideas centrales son las siguientes:

En las épocas premodernas el principio moral era de esencia teológica, el imperativo era las obligaciones hacia Dios, con temor hacia el castigo divino y en esperanza de las recompensas en el más allá. La moral era dependiente de los dogmas religiosos.

Por su parte el filósofo Marcel Gauchet define que las sociedades premodernas estaban ordenadas por la incorporación de normas colectivas, es decir, con identificación en el punto de vista del conjunto social, a partir de la noción de vergüenza y funcionando en base al honor. Una personalidad conformista de querer ser como los otros.

En la época moderna (del siglo XVIII hasta el siglo XX) y a partir de la ilustración, según Livopetzky, se sustituye el fundamento teológico por uno laico, la moral se establece sobre una base racional, no dogmática; sobre los derechos fundamentales del individuo. De este modo, la felicidad se afirma como un derecho natural del hombre, pero el imperativo es adherirse a ideales, a fines que superen los intereses individuales.

Los imperativos hacia Dios se desplazan a los deberes morales, cívicos y patrióticos; el ideal ético se lleva al máximo, el deber incondicional hacia los otros y la colectividad magnifica el sacrificio, la abnegación y la obligación de la persona hacia la familia, la patria, los otros y con ello, el olvido de sí.

Según Gauchet, esta época corresponde a la edad de oro de la conciencia y la responsabilidad, en donde bajo el signo de compromiso, el individuo se apropia de la dimensión colectiva, la interioriza, haciendo consciente y querido aquello que compete a la tradición. Refiere que en esta edad social, el sujeto tendrá que vérsela con una personalidad con superyo, con culpabilidad, ya no con vergüenza.

La tercera época que Lipovetzky refiere, va desde mediados del siglo XXI, aparece una nueva regulación social de los valores morales, el deber de sumisión hacia la ley y el ideal de abnegación, se miniaturiza, se reconcilia el hombre con el placer y el *self interest*. El deber se repudia y se reemplaza por los derechos individuales de autonomía y la felicidad. La ética eleva la persona a categoría de valor central, donde cada individuo tiene la obligación incondicional de respetar la humanidad en sí mismo, de no despojarse de su dignidad innata, sin embargo, en esta nueva regulación social, en esta nueva época posmoralista, los derechos individuales se despliegan bajo el signo de derechos subjetivos como la felicidad materialista, el deseo y desarrollo de tipo narcisista, es decir, del culto egocéntrico y estresante centrado en la salud y belleza a través del deporte, la alimentación, y los sistemas de mantenimiento corporal y antienvejecimiento.

Se crea una cultura materialista y hedonista, una sociedad obsesionada por la salud y juventud, donde los requerimientos materiales predominan sobre la obligación humanitaria, las necesidades sobre la virtud, el bienestar sobre el bien, las relaciones de los hombres con las cosas más que las relaciones de los hombres entre sí.

De este modo, se pasa de una civilización del deber a una cultura de la felicidad subjetiva, de los placeres y el sexo. Las exigencias de renuncia y austeridad son reemplazadas por las normas de satisfacción del deseo y realización, esta civilización ya no se dedica a vencer el deseo sino a exacerbarlo y desculpabilizarlo, creando una cultura materialista y hedonista.

Gauchet precisa que "en esta personalidad contemporánea, la preocupación de la mirada de otros es sustituida por un vivir ignorando que se vive en sociedad, ignora el sentido social; el individuo contemporáneo sería el individuo desconectado simbólica y cognitivamente del punto de vista del todo. Se vuelve problemático el sentido de la ciudadanía". (2004, p. 199)

En las culturas occidentales o consumistas, tenemos individuos obsesionados por la apariencia, por la salud y juventud, por el bien parecer, por el tener en lugar del ser, ya no se trata de construirse a sí mismo, sino, de mostrarse a sí mismo, y no mostrarse como uno mismo, sino mostrarse en lo que no se es, en lo que la cultura materialista y hedonista dice que se debiera ser, se invierte una cantidad de energía buscando conseguir los medios necesarios para "parecer", mostrarse esbelto, joven, bello y por otra parte, no tanto para tener, sino para "mostrar" lo que se tiene: las marcas, la moda, el status. Este tener, parecer y mostrar no deja lugar para que el ser del hombre se manifieste, para preguntarse por el sentido de la existencia, del ser, de la búsqueda de la felicidad, sino sólo para la felicidad aquí y ahora, para la felicidad hedónica, ya que es lo que se escucha en la media y la cotidianidad: nivel de vida, vacaciones, diversión, éxito, prestigio. Lo anterior, aunado al ritmo de vida frenético, saturado de actividades y responsabilidades en el que vivimos, el tiempo de ocio se ocupa generalmente para la diversión, para el consumo y para el espacio aparentemente social de la media, de las redes sociales en donde la vida privada se hace pública, y el tiempo se dedica a saber de la vida de los demás, un espacio aparentemente social que sólo aleja al individuo de los que tiene cerca y de sí mismo. Con todo ello, no queda espacio para reconocer la idea de una interioridad con la cual el sujeto busca su ser y su trascendencia, pero si deja espacio para el proyecto auto referenciado, para el vacío existencial, pues la felicidad hedónica ofrece algo que no puede cumplir, ya que se ponen expectativas de satisfacción y felicidad permanente en las cosas, el éxito, el status, que son impermanentes, y se vive la vida sin otro sentido que en la búsqueda de la felicidad del aquí y ahora.

Por su parte Dany-Robert Dufour, filósofo francés contemporáneo hace un análisis de la modernidad a la posmodernidad con un enfoque distinto al de Gilles Lipovetzki, que se detallará en el inciso siguiente no en cuanto a la ética en las sociedades posmodernas, sino del impacto en el sujeto, del cambio que se gesta en el sujeto con el paso del modernismo al posmodernismo, que da lugar a nuevas manifestaciones del inconsciente.

Dufour hace un recorrido desde el sujeto neurótico que nace de la imposibilidad que enfrenta el individuo de atacar a las máximas morales que se le exigen siendo preso de culpa, atravesando por el sujeto crítico del modernismo, que siendo obligado a moverse entre muchas ideologías diferentes, su pensamiento se transforma de dogmático a crítico, que sólo busca rendirse cuentas a sí mismo, sujeto no conveniente para el intercambio comercial, que requiere otro tipo de sujeto: el sujeto posmoderno, sujeto que a diferencia del sujeto de la modernidad clásica que seguía la pasión de ser otro, de producirse como sujeto del otro, este sujeto posmoderno sólo quiere ser él mismo, y que a diferencia del sujeto que se refería a los muchos otros, este no tiene padre, no hay otro simbólico, entonces debe engendrarse a sí mismo, formarse como lo que aún no es, construirse con los recursos que la sociedad actual le permite, un sujeto que ya no es objeto de las patologías modernas que giraban frecuentemente alrededor de la pasión de ser otro, sino alrededor de la cuestión de tener que fundarse por cuenta propia, histerología que Lacan llamó la forclusión del nombre del padre, entonces se debe engendrar a sí mismo.

Para Dany-Robert Dufour, el contexto económico capitalista es central para pensar las transformaciones del sujeto. Como consecuencia del pragmatismo y utilitarismo, el hombre queda liberado de la esfera trascendente de los principios y los ideales, los intercambios humanos están fuera de toda referencia simbólica, sólo hay mercancías que se intercambian, hasta el propio ser. Este entorno produce un sujeto acrítico, psicotizante, un sujeto desimbolizado, y la desimbolización conduce a la perversión y a la esquizofrenia. (2009, p. 118-131)

De este modo se extiguen las referencias filosóficas y el valor trascendental, sólo queda la perspectiva autoreferencial y así el hombre más que libre, queda abandonado a esta lógica capitalista que le provoca pérdida de sentido y vacío existencial.

1.2.2. LA ÉTICA EN LAS SOCIEDADES POSMODERNAS.

Con lo anterior expuesto, pareciera que las sociedades posmodernas son sinónimo de amoralidad, de tolerancia permisiva, de vacío de valores, pero esta es sólo una lógica del individualismo, una sola cara de la moneda.

Como se verá más adelante en el sujeto posmoderno, se habla de desimbolización, de la ausencia de principios, de la carga simbólica, pero ello no implica necesariamente que la ética ha muerto en las sociedades posmodernas; es necesario entender la transformación de la ética, la ética que sobrevive en las sociedades contemporáneas y la transformación q ha sufrido, por ello se considera importante precisar en el presente apartado, lo referente a la ética en las sociedades posmodernas.

Según sostiene Lipovetzki (2011), en las sociedades posmodernas la ética recupera sus títulos de nobleza, se consolida una nueva cultura en la que lo que está en boga es la ética, la aspiración colectiva a la moral, pero una moral no del deber imperioso, sino de reglas justas y equilibradas no de renuncia a nosotros mismos; queremos regulaciones, no sermones, no de un altruismo como deber obligatorio, pero sí de espíritu caritativo y solidario; se apela a la responsabilidad, no a la obligación de consagrar íntegramente la vida al prójimo, no de una cultura del olvido de si, no una ética de la responsabilidad conciencia y compromiso con la especie humana, el trabajo y el planeta: El ideal de abnegación pierde legitimidad, pero se refuerza la piedad, la conciencia y el respeto a la dignidad de las persona.. Una moral inédita, sin obligación ni sanción, pero si se trata de sensibilizar, de inspirar el altruismo y acciones de generosidad, La búsqueda de sí mismo y la tolerancia son valores centrales en la sociedad posmoralista, se cuestiona menos la diferencia racial, cultural y religiosa, cada uno puede pensar y actuar a su gusto si no perjudica a los demás, del mismo modo que cada uno puede buscar la verdad personal.

Y es que las sociedades contemporáneas cultivan dos discursos aparentemente contradictorios: por un lado el de la revitalización de la moral, la responsabilidad ecológica, bioética, humanitaria, económica, por otro el de la decadencia. Así, la ética en las sociedades posmoralistas es dual, oscila de un extremo a otro, ya que por una parte glorifica el Ego, el culto al presente y los placeres inmediatos ya sean consumistas sexuales o de entretenimiento, pero paradójicamente se aspira a la moral y se repudia la violencia y la trasgresión a los derechos humanos, logrando convertir en estrella las virtudes de la generosidad y el altruismo, de la solidaridad y la responsabilidad, del trabajo y la salud, del respeto a los derechos del hombre y la tolerancia.

1.3. EL SUJETO POSMODERNO.

El sujeto no es sujeto totalmente autónomo e independiente, no es una construcción exclusivamente personal, pues aunque así se quisiera, está inmerso en la cultura, en la sociedad, en el lenguaje, en la historia, es decir: está sujeto a su historia familiar, cultural y social y se construye a partir de esta y de su propia realidad psíquica.

Por ello es importante destinar un espacio al análisis de cómo esta sociedad consumista y capitalista impacta en la construcción de un sujeto inédito al que hoy en día algunos filósofos lo nombran como el hombre posmoderno.

Doufour refiere al hombre como posmoderno, a partir del momento en que una parte de la inteligencia del capitalismo se puso al servicio de la reducción de cabezas; reducción de cabezas en tanto que se extinguen las formas filosóficas que servían de referencia y que le permiten al hombre pensar su ser en el mundo, y con lo cual el hombre adquiere una nueva jerarquía, la de objeto, como simple mercancía, ¿cómo adquiere esta nueva jerarquía, quién la impone?, el hombre mismo, ¿por qué?, porque el capitalismo exige fluidez, circulación, renovación, no puede adherirse al peso histórico de los valores culturales, y en la medida en que el hombre se adapta a este capitalismo, se va transformando, se pierden las referencias de un valor trascendental, simbólico o moral en los intercambios comerciales, las relaciones comerciales se establecen en condición de mercancías, y el hombre se transforma, porque se adapta a este juego, y no sólo se adapta sino se convierte en una pieza más de este. En otras palabras podríamos decir que el sujeto se vuelve posmoderno en la medida en que los fenómenos de la desimbolización y la cosificación que alcanzan al hombre mismo.

Doufour por su parte define la desimbolización: "como una consecuencia del pragmatismo, utilitarismo y realismo contemporáneos que intenta desgrazar los intercambios funcionales de la sobrecarga simbólica que pesa sobre ellos, pues el nuevo espíritu del capitalismo persigue un ideal de fluidez, transparencia, circulación y renovación que no puede avenirse al peso histórico de esos valores culturales. En ese sentido, el adjetivo "liberal" designa la condición de un hombre "liberado" de todo apego a esos valores. La desimbolización es, pues, un objetivo: quitar de los intercambios el componente cultural, quitar todo lo que se relaciona con la esfera trascendente de los principios y los ideales, puesto que no puede convertirse ni en mercancía ni en servicio". (2009, p 221).

Según Doufour hay 3 formas de desimbolización que crea una ausencia de principios, abriendo un espacio social depurado y trivial: la desimbolización de los intercambios comerciales, la generacional en el sentido de que desaparece la diferencia generacional y todos se consideran y tratan de igual a igual, perdiéndose la precedencia simbólica que depende de que una autoridad se encarne en alguien, y por último la desimbolización nihilista, es decir: la ausencia de un gobierno o institución cuya legitimidad es exterior a los intereses económicos.

A mi punto de vista, dos son las desimbolizaciones más importantes: La primera, la generacional, ya que la familia, el lugar idóneo para que el hombre crezca y se desarrolle como tal, como ser humano, pierde peso y claridad, no sólo de las nuevas generaciones hacia los padres, sino también los padres pierden claridad de su función, del deber ser de la familia y de su rol. El individuo en formación, antes sujeto a las tradiciones, costumbres y al nombre de la familia que le daba identidad, que le permitía ser parte de un grupo, que le permitía su estar en el mundo y ante el mundo con claridad y arraigo, hoy se deja a cargo de la escuela, pero eso no es lo grave en sí, la gravedad del asunto es que este sujeto en formación se deja sin conciencia de su peso, a cargo de la ideología fluctuante y confusa de la televisión, absorbiendo los fenómenos culturales, en donde todo hasta las personas y la familia tiene un valor no simbólico sino utilitario, por ello, todo se vuelve desechable e intercambiable, hasta las personas.

¿Por qué se ha dado este fenómeno? A mi punto de vista, con la globalización, el cambio de rol de la mujer en la actualidad, la competitividad, la exigencia de éxito y posición social, hacen que quien estaba a cargo de la educación de los hijos, salga al mercado laboral y delegue su función, en el mejor de los casos a los abuelos, pero en otras ocasiones a la escuela, empleados o la media, y con ello se pierden las tradiciones y el arraigo familiar, ya que todo se vuelve desechable; antes, los baúles, el vestido y las joyas de la mamá, los muebles antiguos, las vajillas, las reuniones familiares con los primos y hermanos, daban arraigo y pertenencia, hoy todo es desechable, los muebles, la ropa, la vajilla, las reuniones familiares se pierden, los hijos van a estudiar a otra ciudad, etc., con todo ello, se pierde el arraigo.

> Marcel Gauchet sostiene que "el hecho que la familia deje de ser una institución, acarrea enormes consecuencias en materia de educación, en el sentido de institución de los seres, creando un problema educativo, que consiste en que se carga sobre la escuela las funciones de instruir y socializar que antes quedaban aseguradas por la familia." (2004, p. 192).

Esta labor de socialización, no es cualquier cosa, ya que implica el aprendizaje adaptativo del sujeto que implica la adaptación a la existencia de otros y le asegura la coexistencia colectiva. "Aprendizaje de la abstracción de sí, que crea el sentido de lo público, de la universalidad; aprendizaje que nos permite ubicarnos en el punto de vista colectivo." (Gauchet M, 2004, p 193).

La segunda desimbolización, a mi punto de vista más importante, es la pérdida de la fe, que quizás podría englobarse dentro de la desimbolización nihilista, ya que si bien muchas de las grandes tradiciones espirituales del mundo, declaran que la muerte no es el final y transmiten la visión de algún tipo de vida futura en la que se tendrá que responder por los actos en la vida actual.

La sociedad contemporánea se vive con un sentido inmediato donde esta vida es lo único que existe. De este modo, nuestra sociedad se centra en el aquí y ahora. Pensando que los actos no tienen trascendencia más que en el hoy, se vive la vida con el objetivo de la belleza, la juventud, el placer, el poder, el éxito, la calidad de vida, es decir: se pierde este sentido sagrado de la existencia, este sentido moral que genera una actitud diferente ante la vida, y al carecer de esta simbolización, abarrotamos nuestra vida de una actividad compulsiva y sin sentido que deja al hombre al final, viviendo una vida sin mayor sentido que el aquí y ahora, con aferramiento a los bienes materiales, al éxito, al status, poniendo o proyectando en ellos equivocadamente el medio para llenar el vacío, obteniendo paradójicamente todo lo contrario.

Con la desimbolización entonces, se forma un sujeto inédito, un sujeto precario, acrítico, ya no sujeto a la culpa y a la neurosis, sino a la psicosis. Dice Doufour, ¿Por qué este entorno es psicotizante o cómo contribuye este capitalismo a que el hombre se vuelva loco?, así lo sostiene:

> "Al sumergirlos en un mundo sin límites que tiende a multiplicar los pasajes al acto y a instalar a esos individuos en un estado borderline". Este nuevo capitalismo es el mejor productor del sujeto esquizoide, el de la posmodernidad, ya que con la tendencia a la desimbolización que vivimos en el presente, no se requiere ni el sujeto crítico de Kant ni el neurótico de Freud, sino se requiere un sujeto precario, acrítico, psicotizante (abierto a todas las fluctuaciones identitarias y dispuesto a seguir todas las ramificaciones comerciales). La vivacidad del sujeto deja progresivamente su lugar al vacío del sujeto, un vacío expuesto a todos los vientos". (2009, p 21).

De este modo, se fabrica un hombre nuevo, el hombre como objeto, como mercancía, a raíz de esta desimbolización del mundo en donde ya no valen las consideraciones morales, la tradición o el arraigo, sólo vale la utilidad, el beneficio, el valor comercial, y eso se traslapa a las relaciones interpersonales, donde todos somos módulos intercambiables dependiendo del beneficio y de la utilidad que produzcamos, no sólo para la empresa o el intercambio comercial, sino alcanza ya a la familia, la pareja, las amistades, los padres, etc., ya que se vuelven relaciones por mero interés de costo beneficio, pues tienden a convertirse en herramientas o en meros proveedores, ya sea de satisfactores económicos o de satisfactores sexuales, sociales, etc.

> "En la lógica capitalista, precisaba Lacán, el esclavo antiguo fue sustituido por hombres reducidos al estado de productos: productos tan consumibles como los demás" (1991, cit. En Doufour, 2009).

¿Cuáles son las consecuencias que produce esta desimbolización?

El impacto de la desimbolización es contundente, ya que Doufour sostiene que cuando el hombre queda privado de los ideales del yo, conlleva a consecuencias muy severas, pues afecta la construcción del superyo (instancia de introyección de ideales del yo) en su faz simbólica, allí donde se inscribe la ley, y a falta de una instancia que les pida rendición de cuentas, los sujetos se vuelven indiferentes al sentido que deberían darle a sus actos. Así, la posmodernidad produce sujetos sin consistencia super yoica verdadera, insensibles al mandato simbólico, pero extremadamente vulnerables a todas las formas de trauma. (2009, p 119-122)

Las consecuencias alcanzan no sólo al individuo, llegan hasta la empresa con los intercambios comerciales libres de toda carga simbólica y sobre todo al rol de la familia, pues como sostiene Marcel Gauchet, la familia representaba uno de los últimos refugios de la obligación simbólicamente significada, en donde el individuo salía de sí mismo para ligarse con el otro en un lazo social, con el fin formar un nuevo grupo y procrear, siendo esta última su razón de ser. La familia era institucional, en tanto que su disolución era puesta a consideración de la justicia quien la pronunciaba por la falta de una de las partes al contrato matrimonial o reglas de dicha institución.

Hoy en día, se tiende a la desinstitucionalización de la familia, es decir: la familia se convierte en un asunto privado, no público; el reagrupamiento de los individuos es voluntario, sin ninguna base de obligación o compromiso en fundar una familia para el orden social, sino sólo con fines afectivos, en donde la permanencia o disolución es sólo una cuestión de consentimiento mutuo, sin considerar implicaciones sociales, sino sólo en términos personales.

Este rol institucional de la familia, permitía una definición jerárquica de los lugares y de las relaciones de autoridad entre padre, madre e hijos, pero con esta desinstitucionalización, la figura del padre se ha borrado en sus atributos tradicionales, junto con el marco institucional que le procuraba consistencia, ya no se sostiene como la imagen del representante de la ley o la autoridad en el ámbito familiar. (Gauchet M, 2004, p 185-187).

1.4. FENÓMENOS CULTURALES EN LA POSMODERNIDAD.

El sujeto inmerso en la historia, la cultura y el lenguaje, requiere poder adaptarse conductualmente. De este modo, siendo parte de una sociedad consumista y materialista, se ve inmerso en fenómenos culturales tales como el individualismo, el hedonismo, relativismo, la cosificación etc., de los que termina siendo parte.

En tanto que vivimos en la posmodernidad y en la cultura occidental, es probable entonces que todos seamos en mayor o menor grado narcisitas y consumistas, y que estos fenómenos culturales, los traslademos a nuestras relaciones interpersonales.

Para poder analizar lo anterior, es menester definir los fenómenos culturales referidos.

El consumismo, es un fenómeno cultural protagónico en la sociedad posmoderna, ya que al declinar el relato religioso, el relato del mercado busca ocupar su espacio, ya que al no haber una figura o relato con suficiente credibilidad, el mercado intenta funcionar como este gran sujeto, fabricando un objeto para cada necesidad, objeto que supuestamente habrá de colmar el deseo, pero no es así, ya que como Doufour (2009) sostiene:

El mercado no puede sino fracasar en su intento de funcionar como un gran sujeto, únicamente puede confrontar a cada individuo con la angustia, porque el objeto fabricado que supuestamente habrá de colmar el deseo, fracasa, abandonando al sujeto a su propia suerte, a su propia fundación. Y ¿por qué no funciona?, porque:

> "el relato de la mercancía trata de poner frente a cada deseo, un objeto fabricado disponible en el mercado; todo, debe hallar una solución en la mercancía, y presenta los objetos como garantes de nuestra felicidad y lo que es más, de una felicidad que se hace realidad aquí y ahora. Pero ya sabemos lo que generalmente produce esta funcionalización del deseo: no puede sino reavivar con prontitud el deseo que se intentó satisfacer con el objeto. El sujeto, al haber buscado la satisfacción de su deseo en el objeto, descubre, "que tampoco era eso", que la falta que había suscitado el deseo aún persiste, y uno se siente impulsado a volver a demandar, y lo que produce es relanzar el ciclo de la demanda de objetos una y otra vez". (p 88).

La sociedad actual, presupone que aquello que se tiene es responsable de lo que se siente, es decir, que produce felicidad o infelicidad, porque erróneamente se piensa que los bienes materiales tienen cualidades intrínsecas, es decir, que son fuente confiable y genuina de bienestar y felicidad duradera, pensando que si se tuviera el objeto deseado, se obtendría felicidad, pero no es así, ya que si el objeto poseyera cualidades intrínsecas, a mayor cantidad de satisfactores materiales o nivel socioeconómico, se tendría mayor felicidad, pero tan solo basta observar ejemplos de vida de la sociedad actual para comprobar lo contrario; si fuera así, ese objeto sería fuente de felicidad para todos y en todo momento.

Y así es como vivimos equivocados, porque buscamos felicidad en lo físico, en la comida, el vestido, las comodidades materiales, las sensaciones, la apariencia, proyectando expectativas irreales que tarde o temprano lejos de aportarnos felicidad, lo que dejan es el vacío.

Con esto no se quiere decir tampoco que la riqueza sea causa genuina de infelicidad, ya que la riqueza no es fuente genuina ni de felicidad permanente como tampoco sufrimiento, si lo es, la demanda que proyectamos sobre el objeto, la demanda de permanencia que le imponemos, y aun cuando la ilusión se colapsa al comprobar que ese objeto no lo es, por ignorancia pensamos que no será este objeto pero si el siguiente, no cejamos en el empeño, y así se continúa en este ciclo de consumo. Concluyendo entonces, se atribuye al objeto cualidades intrínsecas, cuando ningún objeto es fuente genuina ni de bienestar ni de dolor.

El relativismo: Hoy en día, todo es opinable y depende del punto de vista, no hay ya verdades debeladas, no hay dogmas o verdades absolutas, sino sólo relativas dependientes de los marcos de referencia socio culturales, no hay validez universal, pero entonces, si bien es cierto que la ciencia ha demostrado que no hay verdades absolutas sino provisionales, entonces ¿daría lo mismo una teoría que otra?, ¿para qué buscar la verdad entonces?, si es dependiente del sujeto que la experimenta, ¿no existe entonces verdades objetivas o al menos acuerdos universales?. Antes, la religión representaba un instrumento útil para alcanzar la paz y el bienestar mental, la fe, brindaba esperanzas ante situaciones desesperadas, a problemas fuera de control, se encontraba una respuesta ante las incógnitas de la vida, mediante verdades develadas, y de este modo existía una guía de vida, pues la religión ayuda a establecer principios éticos elementales, un sistema ético. El punto de vista teista es muy poderoso, da sentimientos de arraigo, pertenencia y sentido de vida, pero hoy en día, estas verdades se han perdido, y con ello, el hombre también.

Hoy nos encontramos carentes de un gran relato, de un gran Otro y con ello, sostiene Doufour, todo se vuelve flexible, hasta los valores, con ello el precio que habrá que pagar será el relativismo absoluto. Lo que ha desaparecido es la idea misma de un tercero, todo se encuentra en el mismo plano, ya ningún actor tiene que rendirle cuentas a un tercero, con ello, cada uno participa en relaciones puramente duales, lo cual multiplica los conflictos porque cuando entre dos actores sobreviene un conflicto, ya no se apela a una ley universal dictada en nombre de un tercero. Con todo esto, no se deja ningún lugar al más allá del sentido a las preguntas relativas al origen y al fin, es decir, el ¿por qué y cómo vivir?, son preguntas inútiles en nuestros días, y un hombre privado de estas cuestiones, es un sujeto impedido de ser plenamente sujeto, y este relativismo hoy generalizado, es el medio más seguro de convertirlo sino en esquizofrénico, al menos si en un hombre embotado y sufriente.

Según Lipovetzki, al evacuar cualquier posición trascendente, con la pérdida de las tradiciones, de la confianza en los líderes políticos, se da una sociedad sin anclajes, se engendra una existencia puramente actual, sin finalidad ni sentido, por lo que el sujeto enfrenta su condición mortal sin ningún apoyo trascendente.

La Cosificación: Kant confirió una dignidad especial a la persona por su carácter ético y moral, lo cual no admitía equivalente, pero hoy en día se da un fenómeno en el que se reduce a la persona en cosa, es decir, en la forma de relacionarse con otro, se le atribuye cualidad de objeto, valioso en tanto su utilidad, por lo tanto, las personas se vuelven módulos intercambiables, de modo que la pareja, los padres, las amistades son buenos y valiosos mientras son útiles, son opciones, medios para el individuo.

> De este modo dice Doufour, no hay ya referencia simbólica capaz de garantizar los intercambios humanos, todo llega a ser una mercancía, mercancías que se intercambian y con ello dice: "no está en riesgo sólo nuestro haber cultural, sino nuestro ser, pues todo, hasta nuestro propio ser habrá entrado en la órbita de la mercancía" (2009 ,p 230).

El Dalai Lama quien fue guía espiritual y político del Tibet sostiene que el sufrimiento emocional y psicológico que prevalece en Occidente, no refleja tanto un defecto de índole cultural como una tendencia inherente a la totalidad del género humano, sin embargo, comenta que es fácil observar que según aumenta la prosperidad y el tradicional sistema de creencias comienza a perder influencia sobre las personas, se manifiesta inquietud, infelicidad, ansiedad y falta de contento en estas sociedades modernas, pues así como una enfermedad física es reflejo del entorno en que se produce, lo mismo sucede con el sufrimiento psicológico y emocional: brota en el contexto, por ejemplo: en el contexto de las sociedades urbanas e industriales en lugar de enfermedades transmitidas por el agua que se dan en medios rurales, encontramos enfermedades relacionadas con el estrés; de igual manera respecto del sufrimiento emocional y psicológico, en lugar de una sensación de comunidad que se da en comunidades rurales, la moderna sociedad industrial parece una especie de máquina autopropulsada que en vez de tener a seres humanos al frente de esta máquina, cada individuo no pasa de ser sino un minúsculo e insignificante elemento, una pieza más de la máquina, sin otra opción que la de moverse cuando se mueve la máquina. (2000, p.4)

No podría faltar como fenómeno cultural por excelencia en nuestros días: **El Individualismo**.

Lipovetsky sostiene que el sujeto posmoderno, obsesionado sólo por si mismo, al acecho de su realización personal y de su equilibrio, en búsqueda del deseo y su realización inmediata, busca sólo cuidar la salud, preservar la situación material, esperar las vacaciones, viviendo sólo en el presente y para sí mismo. Se trabaja arduamente por la liberación del yo para su gran destino de autonomía e independencia. En este contexto individual, la sociabilidad resulta un conglomerado de moléculas personalizadas. (1983, p. 57).

Hoy en día, al menos en las comunidades urbanas y más desarrolladas, es posible ser mucho más independiente de los demás que en cualquier otra época de la historia, por los desarrollos tecnológicos, pues ya no se depende de la comunidad y los demás dejan de tener trascendencia en el bienestar personal, a diferencia de las comunidades rurales en que se requiere de la cooperación frente a la adversidad.

El yo, dice Lipovetsky, se ha convertido en la preocupación central y con ello se destruye la relación, qué más da, si el individuo está en condiciones de absorberse a sí mismo, en esta obsesión moderna del yo y su deseo de revelar su ser verdadero, destaca la pasión del conocimiento de uno mismo, el desarrollo psíquico toma relevo, el consumo de conciencia se convierte en una nueva bulimia, yoga, psicoanálisis, zen, meditación etc, pero paradójicamente cuanto más los individuos se liberan de códigos y costumbres en busca de esa verdad personal, más sus relaciones se hacen asociales. Los individuos aspiran a una mayor autenticidad y libertad en sus relaciones y la codificación social existente tiene el imperativo de producir una persona pacificada, que puede decirlo todo pero sin gritos, el estilo cool, cálido y comunicativo es el valor social por excelencia, y esto habla de un narcisismo que se define no tanto por la explosión libre de las emociones sino por el encierro sobre sí mismo, la interiorización caracteriza al narcisismo, no la exhibición; la discreción y el self control, es decir: nada de excesos, de desbordamientos, de perder los estribos. Pero existe otro polo en las relaciones humanas: la dependencia narcisista, el deseo de ser escuchado, aceptado, amado, que en ocasiones dan lugar a relaciones sentimentales de dominio-servidumbre.

Narciso, demasiado absorto en sí mismo, renuncia a las militancias religiosas, abandona las grandes ortodoxias y da paso al cuerpo. El cuerpo gana dignidad, debemos respetarlo, vigilar constantemente su buen funcionamiento, combatir los signos de su degradación por medio de un reciclaje quirúrgico, deportivo y dietético, siendo el miedo moderno no el morir sino el envejecer, la edad y los signos de esta son intolerables, de este modo el propio cuerpo se convierte en sujeto. (1983, p 55-71).

Se habla entonces de un sujeto posmoderno narcisista, relacionado con la figura mitológica: Narciso. En psicoanálisis se puede llamar narcisismo " *a la fase temprana de desarrollo del yo, durante la cual sus pulsiones sexuales se satisfacen de manera autoerótica"* (Freud, 1915, p.126); esta situación psíquica originaria al comienzo de la vida, en donde el sujeto siendo capaz de satisfacer la pulsión por sí mismo, el mundo exterior le es indiferente.

Al revisar lo anterior, pareciera que el narcisismo sólo interviene en la fase temprana del desarrollo, sin embargo no es así, porque el sujeto que crea la perfección narcisista de la infancia, es decir: un yo ideal, absoluto, completo, en posesión de todas las perfecciones, no pude mantenerla en las fases siguientes del desarrollo, debido al despertar de su propio juicio y por lo que fueron diciendo y exigiendo durante su crecimiento, pero se niega a renunciar a esa satisfacción vivida, al placer de ser todo eso perfecto y valioso que vivió en su infancia, y por lo tanto cuando se habla de un individuo narciso en psicoanálisis, nos referimos a aquel que procura recobrar esas perfecciones; lo que el sujeto proyecta ante sí como ideal, es el sustituto del narcisismo perdido en su infancia, en el que fue su propio ideal.

Una vez descritos los fenómenos culturales contemporáneos, resulta oportuno plantear algunos cuestionamientos:

¿Será posible entonces que a raíz de esta sociedad de consumo y desecho en la que vivimos, con la caída de ideales, la pérdida de la creencia en Dios y una vida futura, así como por la decadencia de la ley, de la función paterna, de la falta de arraigo, con la búsqueda de goce constante, con el narcisismo, hedonismo, individualismo y consumismo predominante, el sujeto quede a la deriva y en una sensación de absoluta soledad y vulnerabilidad y se estén originando estas nuevas formas de enfermar, estos trastornos? Y si el sufrimiento psíquico y moral del sujeto tiene causas, ¿será este el origen?.

El tema no está concluido, no está definido aún si se trata de estructuras clínicas diferentes, o si son trastornos fisicoquímicos, pero entonces, ¿Será posible que sean patologías mentales originadas por el "progreso" entre comillas, por la forma de vida, a nivel conductual?, esta hipótesis me refiere a Popper quien afirma que "los nuevos tipos de conducta, pueden ser, en realidad, genéticamente creadores, pues a su vez, pueden determinar nuevas presiones de selección, decidiendo así, de modo indirecto, la evolución de la estructura genética" (1975, p.165).

Esta hipótesis requiere ser analizada a mayor detalle para poder encontrar una posible respuesta, por lo que se abordará en el Capítulo II.

BIBLIOGRAFÍA CAPÍTULO I.

- Dufour, D. (2009), El arte de reducir cabezas, Buenos Aires: Paidós.
- Lipovetsky, G. (1986), La era del vacío. (5ª ed). Barcelona: Anagrama.
- Lipovetsky, G. (2011), El crepúsculo del deber. (3ª ed). Barcelona: Anagrama.
- Gauchet, M. (2004), La democracia contra sí misma, México: Homo sapiens.
- Lacan, J. (1954-1955). El yo en la teoría de Freud y en la técnica psicoanalítica, seminario 2. Buenos Aires: Paidós.
- Lacan, J. (1954, 1955). El yo en la teoría de Freud y en la técnica psicoanalítica, seminario 2. Buenos Aires: Paidós.
- Freud, S. (1915). Pulsiones y destinos de pulsión, vol. XIV. (2ª ed), Buenos Aires: Amorrortu.
- Freud, S. (1923). El Yo y el Ello, vol XIX. Buenos Aires: Amorrortu.
- Descartes, R. Primera y segunda meditación, en meditaciones metafísicas con objeciones y respuestas, 2007, Madrid: Ed. Alfaguara.
- Ribas,P. Introducción a la crítica de la razón pura,2005,Madrid: Ed. Taurus.
- Hume, D. De la identidad personal (libro 1º, parte cuarta, sección IV), en tratado de la naturaleza humana, ensayo para introducir el método del razonamiento humano en los asuntos morales, 2005, México: Ed.Porrua.
- Hacker Ian. La racionalidad de las revoluciones científicas, en La Revolución científica. México: Fondo de cultura económica.
- Dalai Lama. (2000). El arte de vivir en el nuevo milenio, México: Grijalbo.

II.   SUFRIMIENTO Y GOCE.

2.1. EL SUFRIMIENTO DESDE LA PERSPECTIVA DEL PSICOANÁLISIS

Para poder abordar el sufrimiento del sujeto posmoderno, su causalidad, manifestaciones y la forma de abordaje en el siguiente capítulo, es necesario en primera instancia acotar brevemente el sufrimiento desde la perspectiva del psicoanálisis.

El sufrimiento es una condición humana, que desde la perspectiva analítica no proviene de los desequilibrios bioquímicos del cuerpo, sino del inconsciente, que desde Lacan habrá que entenderlo, en primera instancia, definido desde el Otro, al mensaje que portamos sin saberlo, al lugar que el sujeto ocupa en la cadena significante, en ese discurso del padre que se está condenado a repetir, en " *las palabras fundadoras que envuelven al sujeto y que son todo aquello que lo ha constituido, sus padres, sus vecinos, toda la estructura de la comunidad que lo han construido no sólo como símbolo, sino en su ser... símbolo esencial en cuanto lo que le está reservado" (Lacan, 1954, p.37)*. O siguiendo la última enseñanza de Lacan, el sufrimiento psíquico tiene que ser pensado en la singularidad de los anudamientos de las tres dimensiones; Real, imaginario y simbólico. En las formas, particulares de cada sujeto, de hacer frente a lo que hay de real en su goce. Goce que, en los tiempos del capitalismo –financiero- se anuda a la desmedida presencia de los objetos que comandan al sujeto, que bien pueden considerarse equivalentes con el objeto a.

Esta primera conclusión nos obliga a plantear una precisión con respecto a uno de los términos con que se define la particularidad de las expresiones del sufrimiento del sujeto de la época, la angustia. Abrimos pues una breve puntuación respecto a este término, pero enlazándolo con el término de goce, de ese goce autoerótico, desvinculado del fantasma, desvinculado del Otro.

2.2. UNA LECTURA PSICOANALÍTICA DE LA ANGUSTIA.

La teoría de la angustia es central en el psicoanálisis. En Freud representa una de sus teorías en las que se vio obligado a la reformulación, por lo menos en dos momentos. Con posterioridad, el abordaje de la angustia será retomado y replanteado por Jacques Lacan, en quien reconocemos respecto al tema, un pensamiento en movimiento.

Delimitada en primera tesis, la angustia es para Freud, la transmudación de una excitación somática proveniente de estímulos internos que al alcanzar cierta intensidad, transformándose en un estímulo psíquico, que el individuo no alcanza a tramitar.

En su texto inhibición, síntoma y angustia Freud (1926), considera a la angustia un estado afectivo, algo sentido, una sensación displacentera, que se produce frente a un estado de peligro, con la función de señal, operada por el yo activo (angustia señal) y como resultado de una situación traumática (angustia automática).

Se produce, cuando una excitación somática por estímulos internos, alcanza cierta intensidad y se convierte en un estímulo psíquico; estímulo que al no poder tramitarse y al acumularse, se transmuda en angustia.

Es decir: su génesis está en el desvalimiento (imposibilidad) del yo frente a cantidades excesivas de excitación acumuladas psíquicamente, que no han podido tramitarse y generan displacer.

De esta manera, se producirá ante ciertas condiciones en las que se produzca una situación análoga al trauma del nacimiento, ya que esta vivencia es el arquetipo o modelo del estado de angustia, por el desvalimiento tanto biológico como psíquico, es decir, se producirá regularmente cuando un estado semejante vuelva a presentarse, como reacción, como señal frente a un estado de peligro.

Pero es en la transmisión de Jacques Lacan (1962/2008), donde encontraremos la tesis sobre la angustia a la que se hace referencia para señalar las particularidades de los padecimientos psíquicos contemporáneos. Son las consideraciones que lanza en el seminario que dictó bajo el título de La angustia, las que nos interesan de modo preciso.

Allí Lacan señala que la angustia es lo que no engaña, pues permite al sujeto ver algo que no es perceptible directamente, permite que surja súbitamente, *"aquello que en el mundo no puede decirse, lo que está oculto, lo secreto y disimulado, lo horrible, lo oscuro e inquietante"… Es esta la fuente de la angustia, "cuando surge en este marco, lo que ya estaba ahí, en la casa... ese huésped desconocido que aparece de forma inapropiada"* (Lacan, 1962-63, p. 86,87).

Para Lacan, *"la angustia está enmarcada"*, lo dice así, recurriendo a la metáfora de un cuadro que viene a situarse en el marco de una ventana, que cualquiera que sea el encanto de lo que está pintado en la tela, se trata de no ver lo que se ve por la ventana; la relación del fantasma con lo real. Es esta realidad que se ve a partir de sus efectos, en este caso sentidos en la angustia.

Así, precisa que *"la angustia, es no sin objeto" (Lacan, 1962-63, p.113).* Su objeto es (*a*) causa del deseo, como soporte del deseo, que se revela en la clínica a partir del fantasma del sujeto, ese objeto a, que no es simplemente el otro, sino la falta, que escapa al plano de nuestra aprehensión. 3 Además de lo señalado hasta aquí, la angustia – en este seminario de 1962 – 1963- es también vinculada con el concepto de la falta; la angustia tiene lugar en tanto falta la falta. Y es esta falta de la falta la que toma relieve en la especificidad del sufrimiento del sujeto contemporáneo, posmoderno.

Pero ¿Cómo es que se da este proceso de (*a*) causa de deseo? Con la función topológica que expone, formula que en el sujeto, *"la noción de un exterior se sitúa en a, antes de que el sujeto, en el lugar del Otro, se capte en forma especular e introduzca para él la diferencia entre yo y no yo (interior). A este exterior, lugar del objeto, anterior a toda interiorización, pertenece la noción de causa". (Lacan, 1962-63, p.115).*

Para entender esto, es necesario como Lacan sugiere, remitirse a su lección 32 de introducción al psicoanálisis, donde explica que *"la función de objeto del pecho- de objeto causa del deseo" (p.175).* Explica la función del objeto del pecho: que no satisface el deseo,

---

³ El objeto *a* invención de Jacques Lacan, alude a lo irrepresentable para el sujeto del cuerpo del que emerge al asumir el significante. (Peskin, 2011)

sino lo causa; cobra otra función que no es la de alimentar, sino la función de objeto, que dispara al deseo, lo causa. Así, la *a* es ausencia, pues está presente sólo cuando falta, es el objeto perdido, *pues "el objeto está en efecto vinculado a su falta necesaria allí donde el sujeto se constituye en el lugar del Otro... En la medida en que se apunta a este lugar vacío... ese lugar circunscrito por algo que se materializa en la imagen, un borde, una abertura, una hiancia, donde la constitución de la imagen especular muestra su límite, ahí está el lugar predilecto de la angustia" (Lacan,1962-63,p.121).*

Una vez explicada brevemente la angustia y para poder abordar en el siguiente capítulo lo que atañe al sufrimiento en la posmodernidad, es importante considerar que para este abordaje es preciso atender en este sentido de la angustia, emergiendo en el lugar donde falta la falta que estructura al sujeto psíquico, pero a condición de referir a la articulación entre el goce (plus de goce) y angustia.

Razón por la que se expone a continuación una lectura psicoanalítica del Goce.

2.3. UNA LECTURA PSICOANALÍTICA DEL GOCE

Resulta indispensable destinar un espacio al desarrollo del concepto de goce, y hablar de goce en psicoanálisis implica hacer un recorrido de la trayectoria del concepto desde Freud hasta Lacan. Una vez conceptualizado, será necesario apuntar a la forma de descifrar el goce que revela el núcleo del ser, y a la intervención en la clínica. Para ello se retomará a Nestor Braunstein, quien en su libro del "goce" hace el recorrido de la teoría y aborda el goce en la clínica.

Para el psicoanálisis goce y placer no son sinónimos; el sufrimiento no es equivalente a displacer, ni la felicidad es equivalente al goce, así como tampoco es posible la evitación total del displacer.

Si bien en la primer teoría freudiana, el psiquismo estaba sostenido y gobernado por el principio del placer y la teoría de la seducción, la segunda teoría –a la luz de una lectura Lacaniana- relaciona este incremento de excitaciones con algo que se origina en relación al

Otro y en donde el aparato psíquico ya no es gobernado por el principio del placer-displacer, sino por dos principios opuestos: placer y goce. Es por ello que en psicoanálisis el tema del sufrimiento se encuentra entramado en la vida pulsional y en el más allá del principio del placer, que es el goce.

El principio del goce está más allá del principio del placer, pero debe entenderse el principio del placer según lo explica Braunstein (2003):

> *"como un dispositivo incorporado desde un principio, al cual se agrega posteriormente una prohibición, una ley que es la "ley del placer" y la "ley del deseo" [...], siendo su esencia el contener y refrenar por medio de la instancia del yo, al goce" (Braunstein, p.25).*

Pero entonces cabe aquí preguntarse si el goce emana del sujeto o del Otro. No es exclusivo de ninguno, sino de ambos, porque la sexualidad, es litoral *"la sexualidad no afecta al cuerpo desde dentro de él mismo o desde el afuera del Otro, sino es litoral de unión-desunión del sujeto y del Otro[...].* De un adentro que es fuera y viceversa. El goce es lo exterior dentro de uno mismo, es exterioridad interior. Está relacionado con el Es Freudiano, que al ser retomado por Lacan, es considerado, en su topología, como extimidad; *"oscuro núcleo de nuestro ser, que no es cuestión de palabras, ni del inconsciente. Pero tampoco es ajeno al lenguaje, pues es de este que resulta excluido y es por ello que podemos cernirlo, descifrarlo"* (Braunstein, 2003, p.21)

Pero hablar de goce desde el psicoanálisis, es referir a una manifestación del cuerpo, y siendo del cuerpo resulta inexplicable para el sujeto, porque está más allá de cualquier representación desde Freud y más allá de cualquier significante desde Lacan, por eso resulta inefable, porque es un hueco en lo simbólico. Y es gracias a este, según Lacan, que puede experimentarse una dimensión del organismo que de otro modo aparecería velada, es decir, en la dimensión de lo real.

Siendo el goce, núcleo de nuestro ser, es ineludible su abordaje en el centro de la praxis psicoanalítica:

> *"Es la única óntica admisible (confesable) para nosotros, la sustancia del análisis [...] la teoría de la cura psicoanalítica está fundada en la posibilidad de abrir a este goce sexual, encapsulado y secuestrado a la disposición del sujeto, por el camino de*

la palabra, incluyéndolo en la historia del sujeto como integrante de su saber, presto a dotarse de sentido" (Braunstein, 2003, p.21,22)

De este modo, afirmamos que la clínica psicoanalítica no puede eludir el costado del goce del sujeto. Teniendo presente que en el abordaje de cada caso, en su singularidad, hay puntos de orientación teórica: las estructuras clínicas son modos de posicionarse ante el goce. (Braunstein: 2003)

Así como Braunstein refiere que las estructuras clínicas son modos de posicionarse ante el goce, también afirma la implicación del superyó con la condición mortífera del goce; el que se expresa en lo considerado por Lacan el imperativo superyoico que ordena gozar, en cuyo mandato no está la exigencia de obedecer a una prohibición del goce, sino a la inversa, alcanzarlo: ¡Goza¡ (Palacios: 2013)

Así, Braunstein especifica los siguientes <u>tipos de goce</u>:

- El goce **psicótico** que es un goce que se produce por la no instauración, por la forclusión del Nombre-del-Padre. Explica que este es un goce que no está regulado por el significante y por la castración, que no está sometido a las leyes y regulaciones del lenguaje.
- El goce **fálico** *"que es posterior a la castración, pero no puede simbolizarse por medio de la palabra, donde la castración no es el camino hacia el decir, sino una amenaza que bloquea la insistencia del deseo, se encuentra reprimido y simbolizado en síntomas que recaen en el cuerpo" (ídem, p.77).* en el caso de la *histeria* recae en el cuerpo, y en la *neurosis obsesiva* en el trabajo de pensamiento.
- El **goce del Ser** como salida voluntaria del régimen de intercambios por medio de la droga y que puede transformarse en una **a-dicción**. *"cortocircuito que deja el cuerpo a merced del Otro y de su deseo"*(ídem).
- **Un goce** *"como un intento de apoderarse de las palancas del goce, que se pretende esté a disposición del sujeto, quien por medio de técnicas corporales, buscando liberarse de la intolerable castración y desplazándola sobre un objeto degradado y sometido mediante **prácticas perversas**"* (ídem).
- El **Goce neurótico**, que es rechazado, del neurótico pretende ignorar "que la castración que teme ya la sufrió de entrada.
- **Goce** normal que si bien en psicoanálisis no se puede hablar en tales términos, se habla del goce *norme male,* del goce que puede alcanzarse por el camino del deseo. Es el goce después de la intervención del Nombre-del-Padre, un goce que es ese goce originario, de esa regulación de goce por la castración simbólica.

Como se indicó anteriormente, según Braunstein, las estructuras clínicas también hacen relación con el superyó como fundamentos de una forma particular de goce.

De este modo refiere que hay tres tipos de superyó, para tres goces distintos:

1. Superyó freudiano, de la culpa, que recomienda detenerse en el camino del deseo y exige obediencia a directivas del ideal del yo, como fundamento para *el goce del síntoma neurótico*
2. Superyó primitivo, obsceno y feroz, que exige goce irrefrenado y que no quiere saber nada del Nombre-del-Padre, como fundamento para la *psicosis*
3. Superyó lacaniano que ordena gozar, pero el goce pasa por el discurso y aspira a recuperar el goce perdido, más allá de prescripciones reguladoras y que confronta al sujeto con el límite, con lo imposible q resulta de la inexistencia de la relación sexual, como fundamento para la *perversión*.

Se habla de tres goces distintos, sin embargo, la culpa y el fantasma de castigo, no son ajenos al goce, por el contrario, se ofrecen al goce del Otro, se acomodan al supuesto fantasma del Otro y de su goce. Aquí se encuentra *la paranoia, la melancolía y la neurosis obsesiva.*

Y es este imperativo categórico que se pone en juego en los padecimientos psíquicos contemporáneos. Sostenemos la siguiente tesis: La angustia considerada, emergiendo como efecto de la falta de la falta (Recalcati, 2008) en el contexto socio-histórico de la declinación del gran Otro (Dufour 2007) (Soler, 2008) se enlaza al imperio de los objetos, en los que el plus de gozar, comanda el modo de vivir, de sufrir del hombre posmoderno (Gallegos 2007), el hombre de hiperconsumo (Lipovetsky, 2006).

Esta afirmación nos provoca una pregunta que consideramos impostergable para quienes se posicionan en la función de analista, sosteniendo el acto analítico: **¿Cómo es la intervención psicoanalítica respecto del goce?**.

2.3.1. INTERVENCIÓN PSICOANALÍTICA RESPECTO DEL GOCE

Braunstein (2003) refiere que la ruta hacia este puede ser atrancada o desviada por la palabra, logrando salir del goce del cuerpo y entrar al deslizamiento por significantes, *"pues este goce ligado a la función de la palabra requiere de la anuencia del Otro y de él el sujeto no quiere saber nada; es el goce insabido de que depende el inconsciente, estructurado como un lenguaje y encargado de la función de descifrar el goce (ídem, p.76).*

En lo que sigue se tratará de puntualizar en torno a la intervención clínica o la clínica del goce como refiere Braunstein, poniendo el acento en dos aspectos: el desciframiento del goce y la función del analista.

Respecto del desciframiento del goce.

Si el goce entonces es extimidad –como señalamos antes- que deja efectos o marcas en el cuerpo y es goce cifrado (sin orden, sin sentido), puede ser descifrado, pero ¿cómo se descifra?.

Pero antes de explicar la trayectoria o recorrido que Braunstein propone para su desciframiento, es importante precisar que descifrar es distinto a interpretar, *"porque la interpretación conduce al sentido donde el yo es sólo un testigo, y no se trata de ofrecer un nuevo significante, sino desplazarlo e introducir la dimensión real del goce que implica vaciamiento de sentido y llegar a un último sentido que es el de la relación sexual que es un sinsentido"* (1990, p.131).

Braunstein refiere que la relación de la palabra con el goce es lo que hace del psicoanálisis una ética del buen decir, la recuperación del goce perdido, la reconciliación del saber y el goce perdido, en donde el sujeto establece una nueva relación con el saber, *"gozar del desciframiento del goce que remite a la realidad esencial del sujeto, ese real más allá de lo imaginario y lo simbólico; gozar de un saber que no preexiste al decir, que no se le descubre sino que se le inventa"* (1990, p.128).

De este modo, el desciframiento del goce implica un pasaje, del goce al discurso, de lo cifrado al terreno de la palabra, de lo que apunta a otro que le otorgará significación por medio del proceso primario, es decir: por condensación y desplazamiento. Trasplantar el goce del cuerpo al lenguaje, haciendo un recorrido del goce a la sublimación, *"a esta metamorfosis del goce perdido al goce recobrado, transmutado, del goce rechazado al que puede ser alcanzado" (Braunstein, p. 121).*

Para ello es necesario desplazar el goce del cuerpo (que es su lugar originario) al inconsciente y del inconsciente al terreno de la palabra, es decir, de los equívocos, de metáforas y metonimia, para ser descifrado a través del proceso primario.

El recorrido completo para descifrar el goce es, pasar del goce en bruto o goce perdido, a su inscripción o ciframiento, para pasar a su desciframiento a través del discurso confuso e incoherente que manifiesta la verdad pero al mismo tiempo la disimula, y luego pasar por la interpretación que le restituye coherencia pero a costa de aumentar el desconocimiento, y de la interpretación pasar al vaciamiento de ese sentido para recuperar la verdad de la inscripción originaria, que consiste en un saber inventado, en gozar del descifrado. Entonces este recorrido parte del goce perdido al goce recuperado. (Braunstein, 2003)

> *Explicado de acuerdo a las dos tópicas, la secuencia sería: "del goce en bruto(w) al Ello (wz), del Ello al Inconsciente (ub), del Inconsciente al Preconsciente (Vb) y del Preconsciente a la Conciencia (Bew), que no es un sistema de inscripciones sino un momento vivencial que retoma el punto de partida inicial". (ídem, p. 137).*

Lo cual se puede esquematizar de la siguiente manera:

Impresiones	Ello	Ic	Pc	Ꞩ
W=Wahrehmungen Impresiones corporales "LaCosa", goce bruto	Wz=Wahrnehmungszeichen Escritura desorganizada "Goce cifrado"	Ubw=Unbewusstsein Palabra en reino de lo absurdo, "sin lógica"	Vb=Vorbewusst Representación palabra "lenguaje articulado"	Bew Goce descifrado
Goce perdido	Desciframiento inconsciente "lo que se descifra es el goce mismo"			Goce recuperado

La relación de la palabra con el goce es lo que hace del psicoanálisis – según se desprende de la enseñanza de Lacan- una ética del buen decir; la recuperación del goce perdido, la reconciliación del saber y el goce perdido, en donde el sujeto establece una nueva relación con el saber, *"gozar del desciframiento del goce que remite a la realidad esencial del sujeto, ese real más allá de lo imaginario y lo simbólico; gozar de un saber que no preexiste al decir, que no se le descubre sino que se le inventa" (Braunstein, 2003, p 128)*

<u>Respecto de la intervención del analista:</u>

El fundamento que hace posible un análisis es que desde el sufrimiento el sujeto, logre articular, una queja, una demanda de un síntoma que lleve al sujeto a cuestionarse sobre el origen, una pregunta que requiere respuesta, que requiere un lugar para ser hablado, que requiere de un Otro que escuche y el dispositivo analítico es ese lugar. Así, el síntoma se desplaza sobre la figura del analista y con ello el goce, y una vez que sea transferido al analista, se lucha una nueva batalla para volver a desasir la libido de este nuevo objeto y dejarla a disposición del yo del analizante. En palabras de Braunstein:

> *"La cuestión para el psicoanalista es la de recuperar esta posibilidad de goce que está trabada en el sistema del Ello. Para eso tiene un solo recurso que es el de la palabra... descubrimiento lacaniano en su retorno a Freud: que el inconsciente está estructurado como un lenguaje, a lo que hay q agregar que es sólo en el análisis que sus elementos se ordenan en un discurso"* (Braunstein, p. 136).

En este terreno, el sujeto quiere ser escuchado y se encuentra con que el analista no escucha lo que quiere él que escuche, sino escucha el inconsciente que es donde el goce opera. El sujeto no quiere saber nada del goce que se cuela en el decir, pero el analista esta advertido de que:

> *"el significante flota por encima de la barrera del signo, mientras que el significado fluye por debajo, a lo que cabría agregar que el referente se escapa como producto de esa operación, es decir: que el resto queda olvidado. Y este resto es el objeto a minúscula, causa del deseo (es minus en tanto que está perdido para el hablante) y semblante de lo real del goce que se hace presente en lo que se dice"* (Braunstein, p.126).

El analista sabe también que si el hablante enmudece aparece el síntoma, como goce sin sentido, desarticulado, como satisfacción sexual sustitutiva diría Freud.

De este modo, el analista tiene que aclararse hacia dónde apunta su intervención, si al sentido que hace placer, o al goce que revela el ser, si camina en este segundo sentido estará operando una clínica del goce. Clínica que hace lugar al apalabramiento sobre el goce, en cada estructura.

Si bien diversos analistas en la actualidad (Recalcati, 2008) (Braunstein, 2003) (Laurent, 2002) (Soler, 2008) abren luz sobre el camino a seguir en el análisis del goce, teniendo en cuenta que las diversas estructuras clínicas son modos distintos de posicionarse ante el goce, surge el cuestionamiento de si la clínica de goce no correrá el riesgo de caer en una clasificación en donde el analista tienda a encasillar al sujeto en una estructura que corresponda a un tipo de goce. Dejamos abierta esta cuestión, sin dejar de reconocer que en los autores antes citados hay elementos teóricos que pueden orientar a los analistas en su escucha en el esclarecimiento, no sólo de la relación del sujeto con el deseo, sino también con el goce, y en ello la angustia es el afecto que puede encaminarlos.

Bibliografía Capítulo II:

- Braunstein, Goce, Ed. Siglo XXI, 1990.
- Freud, S. Inhibición, síntoma y angustia, tomo XX, Amorortu, 1915.
- Kepler Daniela. Revista psicoanálisis y el hospital, En busca de la subjetividad perdida.
- Lacan, J. Seminario de la angustia, 1962, Ed. Paidos – sesión 16 de Enero y 19 Diciembre.
- Lacan, J. Seminario del Yo en la teoría de Freud y en la técnica psicoanalítica. Argentina: Paidós, 1954.
- Laurent, E. El revés del trauma, Revista virtualia #6, 2002.
- Masotta, O. Lecciones de Introducción al Psicoanálisis, Ed. Gedisa, 2004.
- Palacios B. Aspectos socio-históricos en el abordaje de los malestares subjetivos contemporáneos. Revista Izaqui, 3. Centro de estudios de Salud Mental. No. #3. En prensa.
- Soler Collete. ¿Qué se espera del Psicoanálisis y del psicoanalista?, El trauma. Ed. Letra Viva. Buenos Aires 2009.
- Soler, Collete. Estudios sobre la psicosis, Ed. Manantial, 2008.

III. ESPECIFICIDAD DEL SUFRIMIENTO PSÍQUICO Y GOCE EN LA POSMODERNIDAD.

Al intentar delimitar la especificidad de las expresiones del sufrimiento psíquico y el goce en este momento histórico de la posmodernidad así como abrir la interrogante sobre las posibilidades de su abordaje desde la clínica psicoanalítica, que se particulariza frente a otros abordajes en el énfasis que da lo singular en el contexto de la transferencia, se debe considerar a un sujeto inmerso en la cultura, en la sociedad, en el lenguaje y en la historia, es decir, un sujeto posmoderno en tanto que es atravesado por los hechos y formas de vida actuales.

El sufrimiento entonces, es acorde a la época y a la sociedad; el mundo contemporáneo plantea nuevos enfoques y retos en todas las esferas de la actividad humana y por lo tanto - no podría pensarse de otra manera- esta realidad llega hasta el consultorio del analista, quien se encuentra ante patologías que si bien ya están presentes en la historia de la humanidad, estas se revitalizan, se reeditan cobrando fuerza y amplitud, generalizándose; se enfrenta también a manifestaciones de sufrimiento contemporáneo inéditas, a nuevas formas de enfermar, a patologías contemporáneas sin precedente.

De este modo, resulta evidente el interés en el tema, ya que como Analista, se debe conocer para poder abordar. Para lograr lo anterior, se partirá de la formulación de las siguientes interrogantes con las que se buscará, en su respuesta, poder definir y delimitar la especificidad de las expresiones del sufrimiento contemporáneo, así como las condiciones clínicas para su abordaje:

¿Cuáles son los aspectos socio históricos que subyacen a las expresiones del sufrimiento psíquico contemporáneo?, ¿Cómo es el sufrimiento del sujeto posmoderno?, ¿Cómo se manifiesta el sufrimiento contemporáneo, que ha dado lugar a las nuevas psicopatologías?, y si este sufrimiento tiene causas, ¿Cuál es entonces la forma de abordarlas?. Del mismo modo será importante abrir el cuestionamiento respecto a la generalización en la que se incurre al afirmar las formas de sufrimiento del sujeto posmoderno, sin distinción de cultura, sin alcanzar a diferenciar entre Oriente y Occidente; el sufrimiento no se manifiesta de la misma manera en una y otra civilización, ¿en qué radica la diferencia?.

3.1.   ASPECTOS SOCIOHISTÓRICOS SUBYACENTES A LAS EXPRESIONES DEL SUFRIMIENTO PSÍQUICO CONTEMPORÁNEO.

Para abordar la primer interrogante, y dar respuesta a ¿Cómo es el sufrimiento del sujeto posmoderno?, se debe tener presente el entorno social que lo rodea; las formas de vida y de la cultura de su época. Perspectiva que Jacques Lacan subrayó en Función y campo de la palabra y el lenguaje en el psicoanálisis; que quien ejerza el psicoanálisis debe unir a su horizonte la subjetividad de su época. (Lacan, 1953/1989)

Para ello, tomaré como base 3 elementos centrales de la sociedad contemporánea: la artificialidad, la transformación del sujeto en objeto y la hipótesis de Dufour respecto de la sociedad psicotizante.

Laurent sostiene en el trauma al revés, que hay una patología propia de las megalópolis de la segunda mitad del siglo XX, en la que se ha engendrado un espacio social marcado por un efecto de irrealidad, siendo propio de la gran ciudad, que el reino de la mercancía, de la publicidad y los medios sumerjan al sujeto en un mundo artificial, generalizando un sentimiento de irrealidad o virtualidad, y el lugar de lo artificial es el lugar de la agresión, de la violencia urbana, de la agresión sexual y del terrorismo.

Aunado a lo anterior mencionado, la globalización económica transforma a los hombres en objetos, se vuelven piezas intercambiables y sustituibles; *"Inscrita en este movimiento, la sociedad depresiva ya no quiere oír hablar de culpabilidad ni de sentido íntimo, de inconsciente, ni deseo. Cuanto más se encierra en la lógica narcisista, el sujeto huye más de la subjetividad"* (Roudinesco, 2000, p. 37).

En la medida en que el sujeto se adapta y entra al juego de esta lógica capitalista en la que el objeto tiene la preponderancia, se tiende a la desimbolización y se provoca la pérdida de referencias fundamentales para la existencia del sujeto, en palabras de Dany-Robert Dufour:

> *"... se pierden las formas filosóficas que servían de referencia que le permitían pensar su ser en el mundo, se deja de lado toda referencia a un valor trascendental, [...] el sujeto cobra la nueva jerarquía de objeto, y este nuevo estado del capitalismo contribuye a la producción de un nuevo sujeto hasta ahora inédito: el sujeto*

esquizoide de la posmodernidad, [...] ya que el sujeto sumergido en un mundo sin límites, tiende a multiplicar los pasajes al acto y a instalar a esos individuos en un estado borderline". (Dufour, 2007, pgs. 16,28,29).

De esta manera y paradójicamente, el sujeto posmoderno que busca desesperadamente vencer el hastío, impregnado por el nihilismo, la cosificación, el materialismo y consumismo sólo encuentra soledad y vacío que se manifiestan en trastornos depresivos o narcisistas.

3.2. MANIFESTACIONES DEL SUFRIMIENTO PSÍQUICO CONTEMPORÁNEO.

¿Cómo se manifiesta este sufrimiento?

El sufrimiento psíquico de hoy se manifiesta de manera predominante bajo la forma de depresión, forma que caracteriza la particularidad de la subjetividad contemporánea, incluso ha sido catalogada como: la enfermedad del siglo; la epidemia psíquica de las sociedades democráticas. (Insua, 2009)

Collete Soler (2009), por su parte plantea, que *"la depresión está de moda"*, se refiere con ello, a que es una terminología de uso común e inadecuado, ya que esta noción diluye las fronteras diagnósticas, pues los estados afectivos sea cual sea su forma, no se discriminan; la tendencia general es reducir la melancolía a trastornos del humor, término que refiere a un trastorno situado en el registro del cuerpo, eliminándose con ello la idea de una causalidad subjetiva.

Pero entonces, ¿qué es la depresión?. Según lo expone Roudinesco (2000):

*"es un extraño síndrome donde se mezclan la tristeza y apatía [...] que no refiere a una neurosis, ni una psicosis, ni una melancolía, sino a una entidad blanda que remite a un "estado", pensado en términos de **fatiga**, de **déficit o debilitamiento de la personalidad**; [...] **tratado así como depresión, el conflicto neurótico contemporáneo, parece no depender de ninguna causalidad psíquica que provenga del inconsciente"** (Roudinesco, E., p.15, 18, 19).*

Tenemos entonces que bajo el término de depresión, se aglutinan hoy, expresiones del sufrimiento que muestran a un sujeto abatido, al cual el paradigma de la psiquiatría contemporánea le impide la palabra y la posibilidad de considerar su sufrimiento, expresión de naturaleza subjetiva, es decir, emergiendo de la complejidad de sus lazos afectivos con el otro.

La medicina considera la depresión como resultado de los desequilibrios bioquímicos del cuerpo que puede presentarse en diferentes sujetos de forma generalizada, es decir, no contempla la diferenciación de un sujeto a otro. La respuesta médica es la psicofarmacología, que si bien en ocasiones puede contribuir positivamente, el problema es que se excluye la subjetividad, por lo que el sujeto no se cuestiona acerca de la causa de su sufrimiento, no va al origen.

Alimentado de esta idea del sufrimiento como algo meramente químico, el sujeto contemporáneo expresa en su demanda la resolución de su sufrimiento en la ingesta de sustancias químicas que le brinden una solución rápida que elimine los síntomas y la angustia, suprimiendo la esencia de cualquier conflicto. *"Así, el psicotrópico representa el triunfo del pragmatismo y del materialismo y encierra al sujeto en una nueva alienación" (Roudinesco, E., 2000, p.23), como si el tiempo y espacio necesarios para las palabras, para los símbolos que permiten construir sobre el vacío, fuesen imposibles de tolerar y éste último debiese "taponearse rápidamente" (Kaplan, D., p.50)*

Aquí surge una interrogante: ¿Cómo experimenta sufrimiento el yo del sujeto posmoderno?.

> *"El sufrimiento se concreta en la dispersión de la identidad y en la experiencia de un vacío crónico que atenta contra la continuidad misma del sentimiento de la propia existencia. Una sensación de falta de afectividad, de futilidad de inexistencia... una experiencia de ausencia, de vacío existencial, de insustancialidad anónima....La clínica del vacío se ocupa entonces de lo que Lacan llamaba "psicosis social", que indica que la dimensión psicopatológica en la actualidad, no se agota en la exclusión psicótica del Otro, sino que, por el contrario, asume las formas de asimilación anónima y despersonalizada de las enseñanzas del Otro social, expresándose menos como desviación de la norma y más como adaptación rígida a la norma" (ídem, p.15).*

3.3. CAUSALIDAD DEL SUFRIMIENTO PSÍQUICO CONTEMPORÁNEO.

A partir de lo anterior, surge la siguiente interrogante: **¿El sufrimiento posmoderno es generalizado o es característico de Occidente?**

Para poder dar respuesta a esta pregunta, se partirá en primera instancia de señalar brevemente, la riqueza simbólica de la tradición tibetana que opera como pantalla de trauma y que protege al sujeto ante el sufrimiento, ya que esto permitirá posteriormente, hacer un contraste con Occidente y su caída del gran Otro, desarropado, vaciado de sentido, de lo simbólico, que lo vuelve vulnerable ante el trauma y el sufrimiento.

En la Cultura y tradición Tibetana, no hay espacio para el materialismo, el individualismo, el hedonismo o el relativismo presentes como fenómenos culturales en el Occidente posmoderno. En Oriente, específicamente en la tradición tibetana, se sostiene un discurso que permanece intacto desde el siglo VI hasta nuestros días. El discurso de la vida y la felicidad en torno al "Ser" El tiempo del hombre es el tiempo destinado para la interioridad en la que el hombre busca su "Ser", el sujeto de Oriente[4] no cree en el discurso de la filosofía del consumo, que insiste en una vía rápida para la felicidad, pues esta filosofía promete algo que no puede cumplir: una felicidad que se logra a través del éxito, el estatus, la imagen, la comodidad, el placer o el poder adquisitivo, un discurso que ofrece llenar el vacío y alcanzar la felicidad permanente en objetos que son temporales y que alejan al individuo de sí mismo. Sogyal Rympoché, habiendo sido formado en Oriente, pero después de haber vivido y estudiado en Occidente, con gran claridad y objetividad observa el estilo de vida occidental, describiéndolo de la siguiente manera:

> "Todas las grandes tradiciones espirituales del mundo, incluyendo el cristianismo, siempre han dicho claramente que la muerte no es el final. Todas nos han transmitido la visión de alguna clase de vida venidera, que infunde un sentido sagrado a nuestra existencia presente. Pero la sociedad contemporánea es en gran medida un desierto espiritual en el que la mayoría de la gente imagina que esta vida es lo único que existe. Debido a que no existe más vida que esta, la gente hoy no ha desarrollado una

---

[4] Nos referimos al sujeto de Oriente enmarcado en prácticas filosóficas o religiosas. Tenemos presente que actualmente decir sujeto de Oriente puede abarcar al sujeto que está siendo impactado por la ola del consumismo capitalista, en países como China y Japón.

visión a largo plazo; en consecuencia, se vive una vida con visión a corto plazo, de este modo la vida puede llegar a ser vana y fútil". (Sogyal Rimpoche,2011,p 9).

El Dalai Lama por su parte, quien fue guía espiritual y político del Tíbet sostiene que "el sufrimiento emocional y psicológico que prevalece en Occidente, es una tendencia inherente a la totalidad del género humano, sin embargo, comenta que es fácil observar que según aumenta la prosperidad y el tradicional sistema de creencias comienza a perder influencia sobre las personas, se manifiesta inquietud, infelicidad, ansiedad y falta de contento en estas sociedades, pues así como una enfermedad física es reflejo del entorno en que se produce, lo mismo sucede con el sufrimiento psicológico y emocional: brota en el contexto." (2000, p.4)

Cuando la tradición tibetana voltea la mirada hacia Occidente, refiere que nuestro ritmo de vida es tan frenético, que no nos damos tiempo para pensar en nuestra temporalidad o en nuestros miedos; lo sofocamos rodeados de bienes y comodidades, con actividades compulsivas, sin dejarnos tiempo para abordar aquello que realmente importa en la vida; dedicamos todo nuestro tiempo y energía en crear y mantener un nivel de vida, del cual luego nos convertimos en sus esclavos.

Sostiene que, "de este modo, no disponemos de tiempo alguno para abordar todo aquello que importa realmente. Se acumulan tareas sin importancia a las que llamamos responsabilidades para llenar la vida, nos decimos que queremos dedicar tiempo a las cosas importantes de la vida, pero nunca tenemos tiempo; se llenan los días de llamadas telefónicas y proyectos triviales, de responsabilidades que en realidad deberían llamarse irresponsabilidades. Parece que es nuestra vida la que vive por nosotros, la que posee su propia extraña dinámica y nos arrastra sin control." (Sogyal Rimpoche,2011, p 9).

Lo anterior coincide con la mirada expuesta en los capítulos anteriores de esta investigación donde se sostiene que el capitalismo con la desimbolización, produce un Sujeto vulnerable ante el sufrimiento, e incluso como sostiene Doufour: "El capitalismo produce esquizofrenia. (2009, p.118)

¿Qué opera entonces como pantalla de trauma en la tradición tibetana?

En la tradición tibetana existe el término "tomar refugio". El término refugio en el sentido general de la palabra, se refiere a un lugar que sirve para protegerse del peligro, o bien, la protección o amparo que una persona encuentra en otra o en algo que puede librarla del peligro.

Desde esta perspectiva, existen refugios seguros ante la adversidad, el caos y el sufrimiento, situación inherente a la condición humana. Estos refugios son: El Buda (No como hombre o persona, sino como el símbolo que representa la cualidad y capacidad inherente de nuestra mente, la posibilidad de actualizar nuestros potenciales y trascender las limitaciones), el dharma (como el método o el camino para liberarse del sufrimiento) y la Shanga (la comunidad de practicantes espirituales avanzados en el sendero que son una guía).

El Dharma que es el método o camino enseñado por Buda, señala que las dificultades humanas son un medio hábil para florecer los potenciales humanos y que existen estrategias sabias para enfrentarlas. El sufrimiento es un Maestro que enseña a transformar los problemas en oportunidades, se utiliza como un medio para el crecimiento y la práctica espiritual. Enfrentar la situación con ecuanimidad, será un medio para el desarrollo de virtudes espirituales. De este modo, el hombre no queda posicionado como una víctima ante las circunstancias, es un agente activo que decide cómo vivir la circunstancia, la circunstancia no le dicta cómo vivir.

Algunas de las estrategias sabias para enfrentar el sufrimiento desde esta perspectiva son:

El primer método como explica Lama Pema Chodron se llama: "no más lucha". Se resume en las instrucciones de samatha-vipashana.

> "A través de la meditación, se mira directamente lo que surge en la mente y se vuelve a la inmediatez y la simplicidad de la respiración, libre de conceptos, práctica que se usa tanto en la práctica meditativa como en la vida cotidiana, que implica, dejar de luchar contra las circunstancias, emoción o estado de ánimo, lo que surja se mira con una actitud libre de juicio, aceptar lo que es. Este es el principal método para trabajar con situaciones dolorosas, ya se trate del dolor global, de un dolor doméstico o cualquier otro tipo de dolor. Podemos dejar de luchar contra lo que ocurre y ver su verdadero rostro sin llamarle enemigo. Esta práctica no está relacionada con conseguir nada –no tiene nada que ver con ganar o perder – sino con dejar de luchar y relajarnos en lo que es." (2008, p.158-159)

El segundo método para trabajar con el caos es: "emplear el veneno como medicina".

"Se refiere a emplear las situaciones difíciles para conectar con otros en las mismas circunstancias, para despertar nuestra genuina preocupación por otros que, como nosotros, se encuentran en situaciones dolorosas. Como dice un eslogan lojong: Cuando el mundo está lleno de maldad, todos los percances y las dificultades deben transformarse en el camino de la iluminación. Esta es la noción que adoptamos aquí". (Pema Chödrön, 2008, p.161).

El enemigo o el veneno desde esta perspectiva, es un Maestro, una oportunidad para practicar y cultivar virtudes espirituales como la tolerancia, la paciencia, la serenidad o la apertura mental, por mencionar algunas.

El mismo Dalai Lama da testimonio de cómo utilizar las tragedias para desarrollar estas virtudes… "Por ejemplo, he perdido mi país. Desde este punto de vista, es muy trágico, en nuestro país se ha producido mucha destrucción, eso es algo muy negativo, pero cuando abordo el mismo acontecimiento desde otro ángulo, me doy cuenta que todavía hay cosas peores. Puede ayudar mucho el ver las cosas desde una perspectiva más amplia, dándonos cuenta de que hay muchas personas que han pasado por experiencias similares e incluso peores. Si se fija la atención intensamente en un problema, éste termina por parecer incontrolable. Pero si se compara con otro de mayor envergadura, entonces parece más pequeño y menos abrumador" (2003, p.152, 153).

En este abordaje, todo lo que ocurre no sólo es útil y trabajable, sino que, es el camino mismo para la práctica espiritual. Se enfrenta el sufrimiento con cuestionamientos de vida, por citar algunos: ¿Cómo enfrentarlo? ¿Cómo transformar o trascender en el modo de existencia? ¿Cuál es el aprendizaje que la experiencia puede brindar? ¿Qué camino seguir?, en términos generales: ¿Cómo relacionarnos con el material crudo de nuestra existencia?. Ante la circunstancia, el sujeto tiene la opción de responder acerca de lo que hará con las circunstancias presentes, depende del individuo, es una elección personal. No es una víctima de las circunstancias o del destino.

El Dalai Lama hace énfasis en la importancia de hallar un significado a esa experiencia y refiere: "Descubrir el significado del sufrimiento constituye una poderosa ayuda para afrontar las situaciones, incluso las más difíciles. Pero no resulta tarea fácil encontrar significado en nuestro sufrimiento. A menudo, el sufrimiento parece fortuito, sin significado y toda nuestra energía se centra en alejarnos del mismo... El tiempo y el esfuerzo dedicados a buscar significado al sufrimiento aportará muchos beneficios cuando ocurran las desgracias". (2003, p.175,176)

Otros métodos hábiles para enfrentar el sufrimiento con sabiduría y refugio son:

Reflexionar en la Impermanencia. Se refiere a que la existencia es de naturaleza transitoria, a que todo cambia y se transforma minuto a minuto, nada dura para siempre. Tenzin Palmo Jetsunma explica, que la naturaleza de las cosas es surgir, durar por un tiempo y luego dejar de existir, que todo es impermanente. Señala que la falta de aceptación en Occidente es bastante asombrosa, pues se rechaza la posibilidad de llegar a perder a alguien a quien se ama o algo que nos da bienestar. Se tiene mucho miedo: miedo de perder, miedo de cambiar, una incapacidad para simplemente aceptar que por más que se intente, no se podrá lograr que las cosas permanezcan exactamente iguales.

> El abordaje al respecto según refiere, consiste en: "entender que la felicidad y paz mental no provienen de buscar la seguridad en la permanencia y la estabilidad. Nuestra felicidad proviene en cambio, de la comprensión profunda del hecho de que la seguridad real no radica en aferrarse a la seguridad, sino en sentirse seguro dentro de la inseguridad, de encontrar seguridad en la naturaleza siempre cambiante de las cosas. Pero si construimos algo tan rígido que no queremos que cambie jamás, cuando lo perdemos nos desequilibra por completo. La impermanencia también significa que conforme cambian las cosas en la vida, nosotros seremos capaces de cambiar con ellas, experimentar la capacidad de ser flexibles, de estar abiertos y, en caso de ser necesario, soltar las cosas para cambiar de dirección". (Tenzin Palmo, 2014, 17-21).

Otro medio hábil es, entender la interdependencia. Se refiere a que el sufrimiento está en dependencia de causas y condiciones en las que el individuo está implicado y descubrir la parte en que el individuo tiene que ver.

Esta tesis está enlazada con otra tesis central, que es la existencia del Karma o causa y efecto. Esta tesis afirma, que todo efecto tiene una causa y se refiere a que las semillas o acciones intencionales de cuerpo, palabra o mente, darán fruto o tienen efecto en la vida futura, en esta y en otras vidas. Que el presente, es el resultado de las decisiones y acciones del pasado, así como el futuro será resultado de las acciones y decisiones en el presente.

> "Se trata entonces, de emplear con sabiduría esta vida presente para que las futuras transcurran bien, en otras palabras, somos responsables de nuestras vidas ahora y en el futuro. Del mismo modo, debido a las semillas que hemos plantado en el pasado pueden ocurrir ciertas cosas. La manera en que respondemos a esos eventos planta nuevas semillas". (Jetsunma Tenzin Palmo, 2014, p.35-40)

Desde este punto de vista budista, las situaciones adversas en el presente, son resultado del karma, de las acciones o semillas negativas sembradas en el pasado que están dando fruto en el presente, pero advierte, que la forma de reaccionar o actuar en el presente, crea las condiciones de existencia de la vida futura.

Con base en lo anterior se puede afirmar que el sufrimiento actual del Tibet se suaviza por la confianza en este discurso consistente, que el sujeto está sostenido por estas tesis o como en su tradición lo nombran "las enseñanzas" en las cuales se refugia. El sufrimiento del pueblo tibetano es acomodado de modo tal que se reconcilian con el pasado, e inciden en su presente y futuro de la siguiente manera: asumen el sufrimiento de su pueblo como algo en lo que están implicados, como efecto del karma o resultado de acciones negativas de vidas pasadas, se reconcilian con la experiencia presente, ya que tan sólo es el resultado de una causa anterior en la que participaron activamente, pero a la vez le dan sentido o significado a la circunstancia presente como medio para su práctica espiritual, como un catalizador para la búsqueda de transformación y madurez espiritual y con una mirada hacia el futuro, ya que sus acciones y decisiones presentes, es decir, la forma en que enfrenten esta circunstancia, creará repercusiones en una vida futura . El dolor de la muerte de sus Maestros o familiares puede mitigarse con la creencia en la reencarnación.

Pues como explica el Dalai Lama
:

> "Aunque el dolor y el sufrimiento sean fenómenos humanos universales, he tenido a menudo la impresión de que las personas educadas en las culturas orientales

parecen tener una mayor capacidad para aceptarlos y tolerarlos. Ello se debe en parte a sus creencias, pero quizá también a que el sufrimiento es más visible en las nociones más pobres como la India, donde el hambre, la pobreza, la enfermedad y la muerte están a la vista de todos. Quienes viven en contacto directo con la realidad no pueden negar fácilmente que el sufrimiento forma parte de la existencia... A medida que la sociedad occidental adquirió capacidad para limitar el sufrimiento causado por las duras condiciones de vida, parece que perdió la habilidad para afrontarlo. No cabe la menor duda de que, con la actual tecnología, en la sociedad occidental ha mejorado el nivel general de bienestar, y esto ha aparejado un cambio en la percepción del mundo: a medida que el sufrimiento se hace menos visible, deja de verse como connatural a los seres humanos, se lo considera una anomalía, una señal de que algo ha salido terriblemente mal, como señal de fracaso, algo que no debiéramos experimentar... Si me siento desgraciado, tengo que ser una "victima", una idea demasiado común en Occidente y mantener esta postura es precisamente la perpetuación de nuestro sufrimiento, con sentimientos persistentes de cólera, frustración y resentimiento". (Cutler Howard, Dalai Lama, 2003, p.131, 132)

Una vez expuestos algunos de los elementos que forman parte de la riqueza simbólica de Oriente, que sostiene al sujeto y funciona como pantalla de trauma ante el sufrimiento, es posible intentar dar respuesta a la interrogante inicial respecto de si ¿el sufrimiento posmoderno tiene un origen y si ese sufrimiento es generalizado en el ser humano o es característico de Occidente?

Si bien es claro que la expresión de sufrimiento psíquico – implicado el complejo entramado entre deseo y goce- del sujeto posmoderno, es una manifestación que alude a la singularidad de cada sujeto, es cierto también que este sufrimiento, está en buena medida determinado por el Otro como instancia de lenguaje y por lo tanto estas manifestaciones están definidas con los elementos discursivos vigentes en los que subyacen aspectos sociales, históricos y culturales.

Para abordar los aspectos sociales del Otro en occidente, nos valdremos de dos formulaciones que parecen acotar la vida de los sujetos en occidente:

1. La caída del gran Otro.
2. La falta de implicación subjetiva como causa del propio sufrimiento.

En Occidente a raíz de la sociedad de consumo y desecho en la que vivimos, con la caída de ideales y la función paterna, la búsqueda constante de placer, con el narcisismo y el hedonismo predominante, así como la pérdida ideales, de la creencia en Dios y en una vida futura; con la decadencia de la ley, de la institución familiar, y la desaparición de los grandes relatos religiosos, el sujeto queda a la deriva, en una sensación de absoluta soledad, vacío y vulnerabilidad, dando origen al sufrimiento que se manifiesta hoy en día bajo la forma de depresión y que domina la subjetividad contemporánea.

Como sustento de esta primer afirmación, la caída del gran Otro, retomamos los planteamientos del innovador de esta tesis, el filósofo Dany-Robert Dufour y a la psicoanalista Colette Soler respecto a la idea de las construcciones simbólicas como pantalla de trauma, abordando la diferencia que existe entre Oriente y occidente al respecto.

Colette Soler (2009) plantea respecto del trauma, que las construcciones simbólicas son la envoltura protectora entre el sujeto y lo real, y sirven como pantalla de trauma, es decir, permiten suavizar el sufrimiento y brinda la capacidad para hacerle frente a lo intolerable.

En Occidente hoy en día, nos falta un discurso que intente proponer sentido, tenemos serias dificultades para producir discursos consistentes con significaciones estables que resistan el embate del tiempo; nuestros discursos están agujerados, han perdido su consistencia, pues como Lacan afirma *"no logran como lograban anteriormente hacer de pantalla a lo real" (Soler, 2009, p.140)*. De este modo, nos vemos obligados a hacerle frente a un real sin sentido, ya que *"el sujeto posmoderno es non duperie, un sujeto no engañado del discurso, que no cree más en los semblantes que permiten dar sentido a lo real" (Soler, 2009, p 144)*.

Se afirma, en consecuencia, la cuestión del desfallecimiento del Padre como una función que se ha debilitado en Occidente, no hay un Otro creíble, por ello el sujeto queda a la deriva y como Dufour refiere, esta carencia produce una sociedad sin anclajes, con una existencia puramente actual, sin un apoyo trascendente, ya que en lugar del relato religioso, el relato del mercado ocupa su lugar.

Lo anterior expuesto permite clarificar que el sufrimiento del sujeto posmoderno occidental, no es generalizado, ya que se manifiesta de diferente manera en Oriente, lo cual nos lleva a interrogar en qué radica la diferencia. Para dar respuesta, retomamos la idea de Collete Soler (2009) respecto de la pantalla de trauma. El trauma es "una irrupción violenta y sorpresiva de lo real" y ante ella puede o no operar una pantalla al modo de resguardo y protección.

En Oriente y hablaré específicamente del Tibet, con la invasión de China, las torturas físicas de las que han sido objeto, la falta de libertad de credo, la destrucción de sus templos sagrados, el asesinato de Monjes y la pérdida de familiares cercanos, sin duda hay lugar para el trauma.

¿Qué es entonces lo que los sostiene y da sentido a este sufrimiento en los Tibetanos?. La respuesta está en sus grandes relatos que sirven como pantalla de trauma, pues como Soler plantea, *"funcionan como envoltura protectora entre el sujeto y lo real, protegiéndolos de los traumas, de la muerte, del dolor y del sufrimiento mismo" (Soler, 2009, p. 142).*

Un trazo que parece caracterizar a Tíbet, son sus construcciones simbólicas; cuentan con un discurso consistente y continuado en la transmisión de un linaje, que desde el siglo VI hasta nuestros días se mantiene vigente; un discurso que sostiene al gran Otro, que ha soportado los embates del tiempo y que ha permitido sublimar, dar un sentido al sufrimiento, pues como Lacan refiere parafraseando al fundador del psicoanálisis: *"las religiones orientales, se caracterizan por una audacia ante la cual no hay más que inclinarse: solo es a fin de cuentas dice, el culto de el gran hombre" (Lacan, 1960-1961/2010, p.252).* De este modo, se puede afirmar que sus grandes relatos les han servido como pantalla protectora del trauma, han logrado acomodar lo real y su sufrimiento se ha suavizado.

Respecto de esta primera formulación sobre la caída del gran Otro como el entorno que rodea el sufrimiento en el sujeto posmoderno, la conclusión preliminar es que en occidente no hay un gran Otro creíble que sostenga al sujeto, bajo el impacto de la lógica del capitalismo que nos sumerge en el mundo de los objetos; nuestro discurso está agujerado y con ello el sujeto en occidente es un sujeto más débil y susceptible al trauma y al sufrimiento, mientras que la mayoría de las culturas orientales cuentan con este discurso consistente, con este gran Otro, con esta pantalla de trauma, pues como Soler afirma: *"El verdadero trauma no puede aparecer cuando el Otro existe"* (Soler: 2009, p.143).

2.- Respecto de la falta de implicación subjetiva en el sufrimiento:

En nuestros días, hay una tendencia a evitar la responsabilidad personal de los actos, manifestada de dos maneras distintas: por una parte, se busca constantemente responsabilizar a otro de lo que le sucede al sujeto, se es una víctima frente a las circunstancias de la vida, o bien, del propio cuerpo y sus desequilibrios químicos, pero en ambas posturas, la responsabilidad subjetiva no está presente.

Y es que el sufrimiento casi siempre lo ubicamos viniendo de otro o de algún suceso o causa externa que cae sobre nosotros y ante la cual nos encontramos indefensos, eso conlleva a que el sujeto no busque en el mismo lo que provoca su sufrimiento, pues no existe el reconocimiento de su propia implicación en ese padecimiento.

En psicoanálisis el sufrimiento que nos ocupa no es el que proviene de la dialéctica con el otro, el semejante, así como el Otro, del discurso, por eso su abordaje supone el reconocimiento de la subjetividad.[5]

El mismo Soler sostiene que no se trata del real como suceso histórico, sino de la posición que toma el sujeto, por ello en psicoanálisis hoy en día se haba del fantasma, porque contempla la subjetividad.

> *"Sin embargo hoy en día, nuestra sociedad fomenta un Otro reparador frente a los traumas. En nombre de la solidaridad se fabrica un Otro que construye el discurso sobre el trauma y sus soluciones, y por consiguiente las ayudas necesarias". (Soler, 1998, conferencia, p.140).*

Hablamos entonces de un discurso de la posmodernidad: el de la víctima, que deja al sujeto con el signo de la impotencia; se excluye la responsabilidad subjetiva y al inconsciente, de este modo, el sujeto no se hace cargo de su sufrimiento como algo que se causa él mismo.

Siendo este el entorno que rodea al sujeto sufriente en Occidente, surgen interrogantes respecto de los modos de respuesta y atención.

---

[5] Entendemos que la subjetividad no es sinónimo de solipsismo, sino efecto del juego dialéctico del encuentro con el Otro que determina la emergencia del sujeto del inconsciente, y del yo, en el encuentro imaginario con el otro. Nuestro ser de deseo y de goce, es efecto del encuentro con el Otro, que nos hace nacer en el orden simbólico y el otro que nos introduce en el terreno de lo imaginario y un resto corporal, real, que no puede ser simbolizado. El sufrimiento tiene lugar en la función y campo del deseo y del goce. (Apuntes del seminario Epistemología y Psicoanálisis. Octubre 2013. Impartido por Betzaved Palacios, División de Estudios de Posgrado, Facultad de Psicología, UAQ.)

3.4. ABORDAJE DE LAS EXPRESIONES DEL SUFRIMIENTO PSÍQUICO CONTEMPORÁNEO.

Daniela Kaplan (2009) plantea en su texto Tiempo para el psicoanálisis o en búsqueda de la subjetividad perdida, que el imperativo de nuestra época demanda una solución rápida, de una acción que reconduzca inmediatamente al organismo al equilibrio necesario, por ello, el recurso de la palabra tambalea y surgen cuestionamientos respecto de la vigencia del psicoanálisis, *"como si el tiempo y espacio necesarios para las palabras, para los símbolos que permiten construir sobre el vacío fuesen imposibles de tolerar, como si el vacío debiera taponearse rápidamente" (Depresión y psicopatología de masas, p.50).* Con ello, el sujeto no se toma tiempo para apalabrar su sufrimiento, asumiendo que este no es de naturaleza psíquica, sino orgánica, por consecuencia, el tratamiento con químicos lo considera más eficaz.

¿De qué se trata este tiempo para las palabras? Del tiempo como una experiencia subjetiva organizada por símbolos, el tiempo inherente al trabajo del inconsciente, un tiempo que no es lineal ni cronológico.

> *"un tiempo discontinuo, retroactivo dirá Freud en el manuscrito K, cuando ubica el displacer nuevo incluso más intenso, que pueden producir ciertas representaciones aun siendo recuerdos, es decir: habiéndose producido en otro tiempo... un tiempo para Lacan, de todo acto psíquico que es el tiempo del lenguaje, tiempo para comprender, para elaborar algún sentido de aquello que se presenta como trauma; un tiempo interno de la significación, de la frase que obtiene su significación, una vez que le ponemos un punto y producimos retroactivamente esta significación " (Depresión y psicopatología de masas, p.52).*

En este punto señalamos la proliferación de terapias que se ofertan como dispositivos para la comprensión del sujeto depresivo, y en su pretensión de "curarlo" no logran captar las verdaderas causas de su sufrimiento (Roudinesco, 2000).

El psicoanalista se enfrenta hoy interpelado, por expresiones al parecer sin precedentes, pues la enfermedad contemporánea como postula el psicoanalista italiano Massimo Recalcati

(2008) no tiene que ver con un síntoma localizado, sino con un estallido de angustia, con una experiencia de vacío crónico.

 La pérdida de los lazos con el Otro, el narcisismo predominante, el uso destructivo del propio cuerpo, nos refiere a nuevas patologías contemporáneas como son *"la anorexia, la bulimia, la toxicomanía, los ataques de pánico, la depresión, el alcoholismo, es decir: prácticas de ruptura, de rechazo del vínculo con el Otro, invocados a menudo en diagnósticos llamados de "prepsicosis". (Dufour, 2009, p.31)*

Respecto de la **forma de abordaje, de estas "nuevas patologías**" Recalcati postula la necesidad de diferenciar entre una clínica de la falta y una clínica del vacío.

Explica que la clínica de la falta, es la clínica de la neurosis, del deseo inconsciente, de la represión y el retorno de lo reprimido, del síntoma, de la división del sujeto como efecto de la incidencia del deseo, de las manifestaciones del inconsciente. Su centro: es el deseo como manifestación pura de la falta, en donde el vacío es nombrado, se ha dotado de significantes y de símbolos, en conexión con el Otro. En esta clínica el goce sigue el camino del síntoma referente a una satisfacción inconsciente, y en donde es posible la transferencia (atribución al Otro de lo que le falta al sujeto). (Recalcati:2008)

Sostiene que los nuevos síntomas refieren a una desarticulación del vínculo dialéctico entre vacío, falta y deseo, en donde el vacío se presenta disasociado del deseo, por ello, no pueden abordarse bajo la lógica de la constitución neurótica del síntoma, y son difícilmente descifrables recurriendo al binomio neurosis-psicosis y al esquema del retorno de lo reprimido.

> *"La clínica del vacío no pretende definir una nueva estructura, sino un aspecto crucial de la clínica psicoanalítica contemporánea, en donde estos nuevos síntomas parecen partir de una problemática que afecta directamente a la constitución narcisista del sujeto – en el sentido que indica un defecto fundamental del mismo y de unas prácticas de goce que parecen excluir la existencia misma del inconsciente; un nuevo estatuto del goce, desvinculado del fantasma inconsciente y del Otro sexo, radicalmente autista y en relación con técnicas y prácticas concretas de consumo". (Recalcati, 2008, p.11).*

Si como plantea Recalcati, el goce del vacío como meta pulsional y como goce desvinculado del fantasma inconsciente y del Otro sexo, y si en verdad se asiste a un colapso de la transferencia - en tanto que esta es el indicativo de una atribución al Otro de lo que le falta al sujeto- y en las nuevas formas del síntoma, el objeto de transferencia se convierte en un objeto de goce separado del Otro, ¿se requiere entonces, de un abordaje distinto a los de los padecimientos centrados en la falta?.

El planteamiento resulta por demás interesante, sin embargo lejos de poder plantear una conclusión respecto de la forma de abordaje, suscita los siguientes cuestionamientos respecto de la praxis psicoanalítica: ¿Será posible trabajar con este sujeto posmoderno menguado en el terreno de la transferencia?, y si el objeto de transferencia se convierte en un objeto de goce separado del Otro, ¿Cómo es que lo social está marcando las prácticas de goce autoerótico de los jóvenes de nuestro tiempo?, prácticas eróticas referentes al fenómeno de consumo intensivo de alcohol "binge drinking" como el eyeballing, los oxishots, tampax on the rocks etc., y por último, ¿Cómo abordar estas nuevas formas de sufrimiento ligadas al plus de goce del sujeto?.

CONCLUSIÓN

El sufrimiento y el goce actual en Occidente, está atravesado por la forma de vida y la cultura de la sociedad posmoderna con lo cual se crean nuevas manifestaciones del sufrimiento psíquico, que interrogan a la clínica psicoanalítica respecto del modo de abordarlos.

Una vez delimitada la especificidad de las expresiones del sufrimiento psíquico y el goce del sujeto en el contexto posmoderno y después de haber señalado lo que en la producción discursiva del psicoanálisis contemporáneo-bajo la enseñanza de Lacan-se acota como propuesta central para el abordaje de la clínica psicoanalítica: la incorporación de la clínica del vacío y del goce, es posible concluir que en la clínica psicoanalítica contemporánea, su referencia central es, las actuaciones del goce y la emergencia de la angustia que surge de una percepción constante de inexistencia, de una experiencia de vacío, que suscita una angustia sin nombre.

El papel del psicoanalista será entonces conocer estas nuevas manifestaciones para poder abordarlas, descubriendo nuevas formas de hacer frente al sufrimiento de la época, aunque no se tendrá nunca un conocimiento acabado, en tanto que el objeto de estudio, es decir, el sujeto y el sufrimiento cambia con la época.

Si bien no hay una conclusión definitiva respecto de las nuevas formas de manifestación de los padecimientos subjetivos y su abordaje, es posible concluir, a partir de la lectura de diversos autores que abordan el tema, que en la clínica psicoanalítica contemporánea, su referencia central no es el síntoma como formación de compromiso, sino las actuaciones del goce y la emergencia de la angustia que surge de una percepción constante de inexistencia, de una experiencia de vacío, que suscita una angustia sin nombre.

Falta mucho por clarificar respecto de la labor del analista frente a estas nuevas formas de enfermar, cuya manifestación es la angustia, el vacío crónico, la experiencia de ausencia, pero sin duda alguna, el recurso de la palabra permitirá construir sobre el vacío y apelar a las posibilidades subjetivas del sujeto, que le permita comprender cuál es su deseo, y quizás, formularlo en conexión con el Otro, transformando así el vacío en falta y cambiar la forma en que goza.

Bibliografía Capítulo III.

- Dalai Lama, Howard C. El arte de la felicidad, Ed. Random, H, España, 1998.
- Dufour, D. El arte de reducir cabezas, Ed. Paidós, 2007.
- Jetsunma Tenzin Palmo. En el corazón de la vida, Ed. Albricias, 2014.
- Kepler Daniela. Revista psicoanálisis y el hospital, En busca de la subjetividad perdida.
- Lacan, J. Seminario 8, la Transferencia, 1960-1961, Ed. Paidós, 2010.
- Lacan, J. Seminario de los escritos técnicos de Freud, 1953, Argentina, Ed. Paidós.
- Pema Chödron. Cuando todo se derrumba, Ed. GAIA, España, 1998.
- Recalcati, M. Clínica del vacío, Ed. Síntesis, 2008.
- Roudinesco, E. ¿Por qué el psicoanálisis?. Ed. Paidós, 1999.
- Soler Collete. ¿Qué se espera del Psicoanálisis y del psicoanalista?, El trauma. Ed. Letra Viva. Buenos Aires 2009.
- Soler, Collete. Estudios sobre la psicosis, Ed. Manantial, 2008.
- Psicoanálisis y el hospital, Ed. Depresión y psicopatología de masas, 2009.

Indice

I.   EL SUJETO POSMODERNO. 6

1.1.   DISTINCIÓN ENTRE EL YO Y EL SUJETO. 7

1.2.   LAS SOCIEDADES POSMODERNAS Y SU FORMA DE VIDA. . 14

1.3.   EL SUJETO POSMODERNO 19

1.4.   FENÓMENOS CULTURALES EN LA POSMODERNIDAD. 24

BIBLIOGRAFÍA CAPÍTULO I. 30

II.   SUFRIMIENTO Y GOCE. 31

2.2.   UNA LECTURA PSICOANALÍTICA DE LA ANGUSTIA. 32

2.3.   UNA LECTURA PSICOANALÍTICA DEL GOCE 34

III.   ESPECIFICIDAD DEL SUFRIMIENTO PSÍQUICO Y GOCE EN LA POSMODERNIDAD. 43

3.1.   ASPECTOS SOCIOHISTÓRICOS SUBYACENTES A LAS EXPRESIONES DEL SUFRIMIENTO PSÍQUICO CONTEMPORÁNEO.44

3.2.   MANIFESTACIONES DEL SUFRIMIENTO PSÍQUICO CONTEMPORÁNEO. 45

3.3.   CAUSALIDAD DEL SUFRIMIENTO PSÍQUICO CONTEMPORÁNEO. 47

3.4.   ABORDAJE DE LAS EXPRESIONES DEL SUFRIMIENTO PSÍQUICO CONTEMPORÁNEO. 57

CONCLUSIÓN 60

yes
I want morebooks!

Buy your books fast and straightforward online - at one of the world's fastest growing online book stores! Environmentally sound due to Print-on-Demand technologies.

Buy your books online at

www.get-morebooks.com

¡Compre sus libros rápido y directo en internet, en una de las librerías en línea con mayor crecimiento en el mundo! Producción que protege el medio ambiente a través de las tecnologías de impresión bajo demanda.

Compre sus libros online en

www.morebooks.es

SIA OmniScriptum Publishing
Brivibas gatve 1 97
LV-103 9 Riga, Latvia
Telefax: +371 68620455

info@omniscriptum.com
www.omniscriptum.com

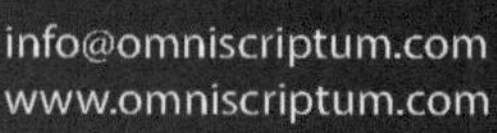